青少年通识文库

启 文／主编

这样读 古文观止

〔清〕吴楚材　　启 文／译注

〔清〕吴调侯／选编

山东画报出版社

济 南

GUWEN GUANZHI ZHEYANG DU

古文观止这样读

〔清〕吴楚材　〔清〕吴调侯 选编　　启　文 译注

图书在版编目（CIP）数据

古文观止这样读 /（清）吴楚材 ,（清）吴调侯选编 ;
启文译注 . — 济南 : 山东画报出版社 , 2023.6（2024.4 重印）
（青少年通识文库 / 启文主编）
ISBN 978-7-5474-4323-1

Ⅰ . ①古… Ⅱ . ①吴… ②吴… ③启… Ⅲ . ①古典散
文－散文集－中国 Ⅳ . ① H194.1

中国国家版本馆 CIP 数据核字（2023）第 067345 号

责任编辑　郭珊珊
装帧设计　博文斯创
主管单位　山东出版传媒股份有限公司
出版发行　山东画报出版社
　　社　　址　济南市市中区舜耕路517号　邮编 250003
　　电　　话　总编室（0531）82098472
　　　　　　　市场部（0531）82098479
　　网　　址　http://www.hbcbs.com.cn
　　电子信箱　hbcb@sdpress.com.cn
印　　刷　金世嘉元（唐山）印务有限公司
规　　格　173毫米×248毫米　16开
　　　　　16印张　230千字
版　　次　2023年6月第1版
印　　次　2024年4月第3次印刷
书　　号　ISBN 978-7-5474-4323-1
定　　价　39.80元

前言

　　《古文观止》是深受读者欢迎的、影响最大的古代散文选本，至今已流行三百余年。2020 年 4 月，还被作为古典文学名著列入首次发布的《教育部基础教育课程教材发展中心中小学生阅读指导目录》。此次，我们出版青少年插图本《古文观止这样读》，是为了进一步满足读者的需要，帮助读者尤其是青少年学生提高阅读古典名著的能力，打牢国学基础。

　　《古文观止》的作者是清代的吴楚材、吴调侯叔侄。他们作为乡间塾师，编选此书的目的就是"正蒙养而裨后学"，即帮助青少年掌握古代的文言散文。书名中的"观止"即"看到此为止"，意思是中国古文的精华都在此了。这虽然有自夸的嫌疑，但也不可否认，《古文观止》是一个编得相当好的古文选本，体现了中国古代散文所取得的最高成就，特别是它作为旧时的启蒙读本，对普及传统文化产生了巨大的作用，至今仍有很高的阅读价值。其成功的经验，主要有以下两个方面。

　　一是选目精要，重点突出。《古文观止》原书共 12 卷，收录作品 222 篇，基本呈现了我国古代散文发展的脉络及重要时代和作家的风貌。在时代筛选上，重先秦两汉和唐宋。在文章筛选上，重文学艺术性，突出了三个重点：对于先秦散文，不收佶屈聱牙的《尚书》和偏重记言说理的先秦诸子散文，而以《左传》《国语》《战国策》等作为重点，尤其注重文字优美、记事详明的《左传》；汉代散文不收《汉书》，而重在收录兼具文学和史学价值的《史记》；唐宋散文则以"唐宋八大家"作品为主，尤其侧重韩、柳、欧、苏的文章。由于重点突出，同时又兼顾不同风格的作者作品，构成上自先秦下迄明末散文发展的长廊，使读者能够一览古文精粹。

二是线索清晰，名篇荟萃。之前的古文选本，多按照不同的体例把同一个作者的作品编排在不同的类目中，给读者的翻检带来不必要的麻烦，也不利于读者对作者整体风貌的了解。《古文观止》则以时代先后为序，以作者为目，显得线索清晰，浑然一体。所收文章，也大都是脍炙人口的名篇佳作，具有较高的思想性和艺术性，极便于初学者诵读。虽以散文为主，却也打破了骈散的束缚，选录了骈文、韵文中的精华。长篇有数千言，短者不足百字，篇幅适中，深浅适宜。叙事论辩，写景抒情，咏物明志，诸体兼备，雅俗共赏。

那么，我们此次出版的《古文观止这样读》在继承了这些优点之外又有哪些特点呢？

一是精读。巴金先生曾说，自己的文学功底得益于早年背诵《古文观止》两百篇。当代青少年学习古文，也不妨从诵读《古文观止》入手。不过，对于课业繁忙的当代青少年，似乎很难做到篇篇精读，所以只能优中选优。我国现代语言学奠基人之一、著名的教育家王力先生说，应该从《古文观止》中选择六七十篇的文章熟读。因此，我们精选了原书中更适合青少年读者的古文66篇，介绍写作背景，注释难点，翻译全文，并对一些冷僻字加注汉语拼音，以求降低阅读难度。本书在篇目的选择上，还尽量保留了中学语文教材所选的名家名作，以求达到课内学习和课外阅读互相促进的效果。

二是配图。由于语言的发展和时代的变迁，《古文观止》一书对当代青少年读者来说已经显得有些深奥。为了让这本古文经典更加活泼，更有感染力，吸引更多的青少年读者阅读文言文，爱上文言文，我们专门请优秀的画师绘制了插图。"文中有画意，画里蕴文心"，图文并茂，相得益彰，既能引导读者深入阅读，又能增添读书之趣。

三是点评。随文评点，是学习揣摩文章的一个可以借鉴的传统。《古文观止》本来就有随文评点。我们在此继承这个传统，利用"'赏奇析疑'谈方法"这个板块，跟读者一同探讨文心，赏析妙笔，解惑析疑。相信，这样做更能帮助青少年读者掌握文章的命意、布局、遣词、造句。衷心希望本书能够成为每位读者学习古文的良师益友。

目录

郑伯克段于鄢

《左传》

"知人论世" 聊背景

　　本篇叙述了春秋时期，郑庄公和他的弟弟共叔段、母亲姜氏之间权力斗争的故事。公元前722年，郑庄公在鄢地打败了他的胞弟共叔段，还将母亲武姜驱逐到城颍，后经颍考叔规劝，武姜与庄公和好如初。

"抑扬顿挫" 读原文

　　初，郑武公娶于申，曰武姜①，生庄公及共叔段。庄公寤生②，惊姜氏，故名曰寤生，遂恶之。爱共叔段，欲立之，亟请于武公③，公弗许。

　　及庄公即位，为之请制④。公曰："制，岩邑也⑤，虢叔死焉⑥。他邑唯命。"请京⑦，使居之，谓之京城大叔。

　　祭仲曰[8]："都城过百雉[9]，国之害也。先王之制：大都不过参国之一[10]，中五之一，小九之一。今京不度，非制也，君将不堪。"公曰："姜氏欲之，焉辟害[11]？"对曰："姜氏何厌之有？不如早为之所，无使滋蔓，蔓难图也。蔓草犹不可除，况君之宠弟乎！"公曰："多行不义必自毙。子姑待之。"

　　既而大叔命西鄙[12]、北鄙贰于己[13]。公子吕曰[14]："国不堪贰，君将若之何？欲与大叔，臣请事之，若弗与，则请除之，无生民心。"公曰："无庸[15]，将自及。"大叔又收贰以为己邑，至于廪延[16]。子封曰："可矣。厚将得众。"公曰："不义不昵，厚将崩。"

　　大叔完聚[17]，缮甲兵，具卒乘，将袭郑，夫人将启之[18]。公闻其期，曰："可矣！"命子封帅车二百乘以伐京。京叛大叔段。段入于鄢。公伐诸鄢。五月辛丑，大叔出奔共。

　　书曰："郑伯克段于鄢。"段不弟，故不言"弟"[19]；如二君，故曰"克"；称"郑伯"，讥失教也，谓之郑志；不言"出奔"，难之也。

　　遂置姜氏于城颍而誓之曰："不及黄泉，无相见也！"既而悔之。颍考叔为颍谷封人，闻之，有献于公。公赐之食，食舍肉。公问之，对曰："小人有母，皆尝小人之食矣，未尝君之羹，请以遗之。"公曰："尔有母遗，繄我独无[20]！"颍考叔曰："敢问何谓也？"公语之故，且告之悔。对曰："君何患焉！若阙地及泉[21]，隧而相见[22]，其谁曰不然？"公从之。公入而赋："大隧之中，其乐也融融！"姜出而赋："大隧之外，其乐也泄泄[23]。"遂为母子如初。

　　君子曰："颍考叔，纯孝也。爱其母，施及庄公[24]。《诗》曰：'孝子不匮[25]，永锡尔类[26]。'其是之谓乎！"

"字斟句酌"查注释

　　①武姜：郑武公的正妻。"武"是丈夫的谥号，"姜"是娘家的姓氏。②寤

（wù）生：难产。③亟（qì）：屡次。④制：郑国地名，在今河南荥阳西。⑤岩邑：险要的城邑。⑥虢叔：东虢国国君。⑦京：郑国地名，在今河南荥阳东南。⑧祭（zhài）仲：郑国大夫，字仲。⑨雉：古代的度量单位，长三丈，高一丈，为一雉。⑩参国之一：国都的三分之一。⑪辟：通"避"。⑫鄙：边地。⑬贰：双方共有。⑭公子吕：郑国大夫，字子封。⑮庸：用。⑯廪延：郑国地名，在今河南延津北。⑰完聚：指修治城郭、集结粮草。⑱启之：指开城门做内应。⑲弟（tì）：通"悌"。指对兄长敬爱顺从。⑳繄（yī）：句首语气词。㉑阙：通"掘"。㉒隧：掘地而成隧道。㉓泄（yì）泄：形容快乐的样子。㉔施（yì）：扩展。㉕匮（kuì）：匮乏，断绝。㉖锡：推及，影响。

"古文今解"看译文

当初郑武公从申国娶来妻子，就是后来的武姜，生了庄公和共叔段。庄公出生时难产，惊吓了姜氏，所以给庄公取名为"寤生"，并且因此厌恶他。姜氏喜爱共叔段，想立他为储君，屡次请求武公，武公都不答应。

◎ 郑伯克段于鄢

等到庄公即位，姜氏为共叔段请求以制邑为领地。庄公说："制是险要之地，虢叔曾死在那里。别的地方听您吩咐。"姜氏于是为共叔段请求京邑，庄公便叫共叔段居住在了那里，称为京城太叔（"大"通"太"）。

祭仲说："城墙边长超过三百丈，就是国家的祸害。先王的制度：大都市城墙，长不超过国都城墙的三分之一，中等城市不超过五分之一，小城市不超过九分之一。如今京邑太大，不合制度，恐怕对您不利。"庄公说："姜氏要这样，我有什么办法躲避因此产生的祸害呢？"祭仲回答说："姜氏怎会满足？不如早作打算，不要使其滋长蔓延。一旦滋生成长起来就难以对付了。蔓延的草还难得清除，何况您被宠爱的弟弟呢？"庄公说："不义之事做多了必然会自取灭亡。你姑且等着罢！"

不久，太叔命令西部和北部边境的一些地方一方面听从庄公，一方面听从自己。公子吕说："国家不能忍受这种两属的情况，您打算怎么办？如果您想将王位让给太叔，我就请求去侍奉他；如果您不想让位给他，就请您除掉他，不要使人民有二心。"庄公说："用不着，他会自取其祸的。"太叔又进一步把两面听命的西部与北部边邑据为己有，还延伸到廪延。公子吕对庄公说："行了，他羽翼已丰，会得到更多拥戴者。"庄公说："他对君王不义，不顾手足之情，势力雄厚，反而会垮掉。"

太叔巩固城防，聚积粮草，修缮军备，准备兵士战车，打算偷袭庄公，姜氏也作为内应，想替他开启城门。庄公听到他举兵的日期，说："可以了！"于是命令公子吕率战车二百辆讨伐京城。京城民众反叛了太叔。太叔逃往鄢邑。庄公又命令讨伐鄢邑。五月二十三日，太叔逃往共国。

《春秋》上说："郑伯克段于鄢。"共叔段不敬兄长，所以不用"弟"字；交战双方好像两个国君，所以用"克"字；称庄公为"郑伯"是讥讽他对弟弟不加管教，也表明这是庄公的本意；而不写太叔"出奔"，是难以下笔的缘故。

庄公把姜氏安置在城颍，发誓说："不到黄泉，不再相见！"不久又后悔。颍考叔是颍谷的地方官，听说这事，便来到国都，说是有礼献于庄公。庄公赐宴，吃饭时，颍考叔把肉放在一旁不吃。庄公问他原因，他回答说："我有老母，我的食物她都尝遍了，却没尝过您的菜肴，我想留给她尝尝。"庄公说："你有母亲可以孝敬，唉！唯独我却没有。"颍考叔说："敢问这是什么意思？"庄公告诉他其中的缘故，并且讲出自己的悔意。颍考叔回答说："君王有什么好忧虑的？若掘地见泉，在隧道里相见，谁能有非议？"庄公依从了他的办法。庄公进入隧道，唱道："大隧之中，其乐融融。"姜氏从隧道中出来，唱道："大隧之外，心情愉快。"于是母子又和好如初了。

君子说："颍考叔的孝顺是纯正的。他孝敬爱戴自己的母亲，又用这样的孝敬和爱戴影响了庄公。《诗经》上说：'孝子之心不尽不竭，会推及影响到他的族类。'说的就是颍考叔这样的人吧！"

"赏奇析疑" 谈方法

本文以庄公、武姜、共叔段之间的矛盾为中心，庄公的奸猾，武姜的偏私，共叔段的骄纵，跃然纸上。全文语言生动简洁，人物形象饱满，情节丰富曲折，是一篇极富文学色彩的历史散文。

曹刿论战

《左传》

"知人论世" 聊背景

公元前684年的长勺之战，是我国古代战争史上以弱胜强的经典战例之一。本篇讲述的是鲁人曹刿在战前与鲁庄公就是否可以作战而进行论辩，在作战过程中通过把握时机克敌制胜，以及他是如何通过战场细节判断敌情，从而做出追击敌军的正确决定。

"抑扬顿挫" 读原文

十年春，齐师伐我[①]，公将战，曹刿请见[②]。其乡人曰："肉食者谋之，又何间焉？"刿曰："肉食者鄙[③]，未能远谋。"遂入见。

问："何以战？"公曰："衣食所安，弗敢专也[④]，必以分人。"对曰："小惠未遍，民弗从也。"公曰："牺牲玉帛[⑤]，弗敢加也，必以信。"对曰："小信未孚[⑥]，神弗福也。"公曰："小大之狱，虽不能察，必以情。"对曰："忠之属也[⑦]，可以一战。战则请从。"

公与之乘，战于长勺[⑧]。公将鼓之，刿曰："未可。"齐人三鼓，刿曰："可矣！"齐师败绩。公将驰之，刿曰："未可。"下，视其辙，登，轼而望之[⑨]，曰："可矣！"遂逐齐师。

既克，公问其故。对曰："夫战，勇气也。一鼓作气，再而衰，三而竭。彼竭我盈，故克

◎ 春秋护头铜胄

之。夫大国，难测也，惧有伏焉。吾视其辙乱，望其旗靡⑩，故逐之。"

"字斟句酌" 查注释

①我：指鲁国。②曹刿（guì）：人名，鲁国人。③鄙：目光短浅。④专：独自享用。⑤牺牲：指古代供祭祀用的猪、牛、羊等牲畜。玉帛：玉器和丝织品。⑥孚：为人所信服。⑦属：类。⑧长勺：鲁地名，在今山东莱芜东北。⑨轼：古代车前供人扶靠的横木。⑩靡：倒下。

"古文今解" 看译文

鲁庄公十年春，齐国军队前来攻打鲁国，庄公准备迎击。曹刿请求觐见。他的同乡人说："大官们会来谋划的，你又何必参与其间呢？"曹刿说："大官们见识短浅，不能深谋远虑。"于是觐见。

（曹刿）问庄公凭什么来作战。庄公说："衣着吃食的享受，不敢独自享用，必然分给别人。"曹刿对答道："小恩小惠不能遍及百姓，百姓是不会跟从您的。"庄公说："祭祀用的牛羊玉帛，从不敢虚报，必说实话。"曹刿说："小的诚实不能使神灵信任，神灵是不会赐福的。"庄公说："大大小小的诉讼官司，虽不能一一明察，但一定做到合情合理。"曹刿答道："这属于为百姓尽心办事的行为，可以凭这个条件打一仗。作战时请让我跟随您一起去。"

庄公和他同乘一辆兵车，（鲁军）与齐军交战于长勺。庄公将要击鼓进军，曹刿说："不可。"齐军击鼓三次之后，曹刿说："可以击鼓进军了。"齐军大败。庄公又要下令追击，曹刿说："不可。"他下车，看了齐军战车的轨迹，又登上车，扶着车前的横木瞭望齐军撤退的情况，这才说："可以了。"于是对齐军进行追击。

战胜以后，庄公问他其中的缘故。曹刿回答说："作战靠的是勇气。击第一通鼓的时候军队的士气便振作了起来，击第二通鼓的时候士气开始减弱，等到击第三通鼓的时候，士气就枯竭了。敌人的士气枯竭而我军的士气旺盛，所以能够战胜他们。大国难于捉摸，恐怕藏有伏兵。我看到他们战车的轨迹杂乱，望见他们的旗子倒下了，确实是在败退，所以才下令追击他们。"

 "赏奇析疑"谈方法

此文前后对照，首段中的"远谋"为全文埋下一处伏笔，而后面每一部分都对这个"远谋"进行对照和回应，可见，"远谋"是全文之骨。

此文以曹刿为重心，层层推进、环环相扣，既突出了重点人物曹刿的形象，又烘托出"远谋"的主题。所以，全文是一个相互联系、不可分割的有机整体。另外，全篇结构紧密，用词凝练，语言整齐有力，简洁流畅，让人百读不厌。

宫之奇谏假道

《左传》

 **"知人论世"聊背景**

公元前659年，晋国第二次借道虞国去攻打虢国。虞国大臣宫之奇向虞君痛陈利害关系，劝说虞君不要执迷于宗族观念，寄希望于神灵保佑。虞侯不听，晋军在灭虢之后顺便将虞灭亡。"假道灭虢"成为我国古代军事谋略的一个重要内容，而"辅车相依，唇亡齿寒"的朴素思想更具有恒久不变的深刻战略意义。

晋侯复假道于虞以伐虢①。宫之奇谏曰②："虢，虞之表也；虢亡，虞必从之。晋不可启，寇不可玩，一之为甚，其可再乎？谚所谓'辅车相依③，唇亡齿寒'者，其虞、虢之谓也。"

公曰："晋，吾宗也。岂害我哉？"对曰："大伯、虞仲，大王之昭也④；大伯不从，是以不嗣。虢仲、虢叔，王季之穆也；为文王卿士，勋在王室，藏于盟府⑤。将虢是灭，何爱于虞？且虞能亲于桓、庄乎⑥？其爱之也，桓、庄之族何罪？而以为戮，不唯逼乎？亲以宠逼，犹尚害之，况以国乎？"

公曰："吾享祀丰洁，神必据我。"对曰："臣闻之，鬼神非人实亲，惟德是依。故《周书》曰：'皇天无亲，惟德是辅。'又曰：'黍稷非馨，明德惟馨。'又曰：'民不易物，惟德繄物⑦。'如是，则非德，民不和，神不享矣。神所冯依，将在德矣。若晋取虞，而明德以荐馨香，神其吐之乎？"

弗听，许晋使。宫之奇以其族行，曰："虞不腊矣⑧。在此行也，晋不更举矣。"冬，晋灭虢。师还，馆于虞，遂袭虞，灭之。执虞公。

①假道：借路。虞：国名，在今山西平陆东。②宫之奇：虞国大夫。③辅：指面颊。车：指牙床。④昭：宗庙里神主的位次。始祖居中，二世、四世、六世位于始祖之左方，称"昭"；三世、五世、七世位于右方，称"穆"。⑤盟府：掌管盟誓典策的官府。⑥桓、庄：桓叔、庄伯，分别为晋献公的曾祖和祖父。⑦繄（yī）：语气词。⑧腊：冬至后第三个戌日祭祀众神。

　　晋献公又向虞国借路去攻打虢国。官之奇劝谏道:"虢国,是虞国的外围;虢国灭亡,虞国必定会跟着灭亡。晋国的野心不可助长,别国的军队不可轻忽。一次借路已经过分了,难道还可以再来一次吗?俗话说'面颊与牙床互相依靠,嘴唇没有了,牙齿就要受寒',这就像虞国和虢国互相依存的关系一样。"

　　虞公说:"晋国,与我是同宗,难道会加害于我吗?"官之奇回答说:"太伯、虞仲,是周始祖大王的儿子。太伯不从父命,因此没有继承王位。虢仲、虢叔,是王季的儿子,做过文王的大臣,有功于周王朝,他们获得功勋的记录还藏在盟府之中。现在晋国既然连虢国都想灭掉,对虞国又有什么可爱惜的?况且虞国与晋国,能比桓、庄两族与晋国更亲近吗?晋君爱护桓、庄两族吗?桓、庄两族有什么罪过,却遭杀戮,不就是因为近亲的势力威胁到自己吗?亲族由于受宠而对自己产生了威胁,尚且杀了他们,何况国家呢?"

　　虞公说:"我祭祀鬼神的祭品丰盛而干净,鬼神必然在我们这边。"官之奇回答说:"我听说,鬼神不会随便亲近哪一个人,只有对有德行的人才去依附。所以《周书》上说:'上天没有私亲,只辅助那些有德行的人。'又说:'祭祀用的黍稷不算芳香,只有美好的德行才芳香。'又说:'人们进献的祭品相同,而鬼神只享用有德之人的祭品。'如此看来,非有道德,则百姓不能和睦,鬼神就不会享用祭品。鬼神所依托的,只在于德行罢了。如果晋国攻取了虞国,用发扬美德的方式来使祭品真正地发出芳香,鬼神难道还会吐出来吗?"

　　虞公不听,答应了晋国使臣的要求。官之奇带领他的族人离开了虞国,临行前说:"虞国等不到年终的祭祀了。虞国的灭亡,就在晋军的这次行动中,晋国用不着再次发兵了。"冬天,晋国灭掉了虢国。回师途中,驻军于虞国,于是乘机灭掉了虞国。捉住了虞公。

"赏奇析疑"谈方法

宫之奇一上来直接点出"虢亡，虞必从之"的道理，这样就在开篇处布了一个险境，起到了渲染气氛的作用。当虞君说出与晋国同宗的理由以后，情势稍缓，但宫之奇以一句"将虢是灭，何爱于虞"，将险绝的气氛再次烘托出来。对于虞君"神必据我"的谬论，宫之奇引用《周书》的典故，指出人君要敬鬼神而远之、重仁德而亲民，这样虞君的借口便显得苍白无力了。但是，虞君到底是没有听宫之奇的劝告，宫之奇说："虞不腊矣。在此行也，晋不更举也。"这是一句委婉的话，虽然没直接说晋国就要灭虞国了，但字字都透着危险，也照应了后面的"馆于虞，遂袭虞，灭之"，可见宫之奇有先见之明。此文先论势，次论情，再论理，层次井然。

烛之武退秦师

《左传》

"知人论世"聊背景

公元前632年，晋国和楚国大战于城濮，结果楚国大败，晋国的霸业完成。在城濮之战中，郑国曾协助楚国一起攻打晋国，而且晋文公年轻时流亡到郑国，受到冷遇，所以文公把新仇旧怨加到一块，于两年后联合秦国讨伐郑国。郑伯闻讯后，派烛之武面见秦穆公，劝他退兵。烛之武不负所托，劝退了秦师。烛之武之所以能说退秦师，依靠的就是四个字：利害关系。

"抑扬顿挫"读原文

晋侯、秦伯围郑，以其无礼于晋，且贰于楚也。晋军函陵①，秦军汜南②。

佚之狐言于郑伯曰③："国危矣！若使烛之武见秦君，师必退。"公从之。辞曰："臣之壮也，犹不如人；今老矣，无能为也已。"公曰："吾不能早用子，今急而求子，是寡人之过也。然郑亡，子亦有不利焉。"许之。

夜缒而出④。见秦伯曰："秦、晋围郑，郑既知亡矣。若亡郑而有益于君，敢以烦执事⑤。越国以鄙远，君知其难也，焉用亡郑以陪邻？邻之厚，君之薄也⑥。若舍郑以为东道主，行李之往来⑦，共其乏困⑧，君亦无所害。且君尝为晋君赐矣，许君焦、瑕，朝济而夕设版焉，君之所知也。夫晋，何厌之有？既东封郑⑨，又欲肆其西封。若不阙秦⑩，将焉取之？阙秦以利晋，唯君图之。"秦伯说⑪，与郑人盟，使杞子、逢孙、杨孙戍之⑫，乃还。

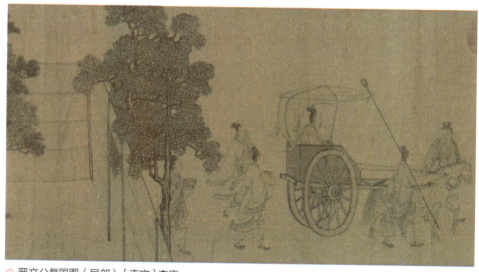

◎ 晋文公复国图（局部）［南宋］李唐

12

子犯请击之⑬。公曰："不可。微夫人之力不及此⑭。因人之力而敝之⑮，不仁；失其所与⑯，不知⑰；以乱易整，不武。吾其还也。"亦去之。

"字斟句酌" 查注释

①函陵：地名，在今河南新郑北。②氾（fán）南：氾水之南。③佚之狐：人名，郑大夫。④缒（zhuì）：系在绳上放下去。⑤执事：指代秦穆公。⑥薄：削弱。⑦行李：外交使者。⑧共：通"供"。⑨封：疆界。⑩阙：损害。⑪说：通"悦"。⑫杞子、逢孙、杨孙：三人都是秦国大夫。⑬子犯：晋国大夫。⑭微：非。⑮敝：损害。⑯所与：盟国。⑰知（zhì）：通"智"。

"古文今解" 看译文

晋文公和秦穆公联合围攻郑国，因为郑国曾对晋文公无礼，并且对晋国有二心，暗地里依附了楚国。晋军驻扎在函陵，秦军驻扎在氾南。

佚之狐对郑文公说："郑国处于危险之中！如果能派烛之武去见秦穆公，那么前来征讨的军队一定能撤走。"郑文公听从了他的建议。可是烛之武却推辞说："臣壮年的时候，尚且不如别人；现在老了，做不成什么了。"郑文公说："我没有能及早地任用你，如今形势危急才来求你，这是我的过错。然而郑国灭亡了，对你也有不利的地方啊！"烛之武于是答应了。

当天夜里，（郑人）用绳子将烛之武从城上吊下去。（烛之武）进见秦穆公说："秦国和晋国前来围攻郑国，郑国已经知道要灭亡了。如果郑国的灭亡对您有好处，那就烦劳您手下的人把郑国灭掉。隔着别国而想把远方的土地作为自己的领土，您知道这是难以办到的，何必要灭掉郑国而增加邻邦晋国的土地呢？邻邦的国力雄厚了，您的国力

13

也就相对削弱了。假如放弃灭郑的打算而让其作为您东方路上的主人，秦国使者往来，郑国可以供给他们所缺乏的东西，对您也没有什么害处。况且您曾有恩于晋君，他答应过把焦、瑕二地给您作为报答，然而，他早上渡河回到了晋国，晚上就在那里修起了城墙，这您是知道的。晋国哪有满足的时候？等它在东边把疆土扩大到了郑国，就会想扩张西边的疆土。如果不侵损秦国，如何能取得土地？秦国受损而晋国受益，请您仔细斟酌吧。"秦穆公听了很高兴，就与郑国订立了盟约。并派杞子、逢孙、杨孙驻守郑国，自己率领大军回国去了。

子犯请求晋文公下令攻击秦军。晋文公说："不行。假如没有秦穆公的支持，我到不了今天。借助了别人的力量而又去损害他，这是不仁；失掉自己的同盟国，这是不智；以混乱代替联合一致，这是不武。我们还是回去吧！"于是晋军也撤离了郑国。

"赏奇析疑"谈方法

本篇以对话著称。烛之武对秦穆公说的一番话，堪称极好的外交辞令，虽然只有百余字，但纵横曲折，淋漓尽致。烛之武的话可分为两层：一层是以"亡郑以陪邻"的道理告诉秦穆公灭郑不仅对秦国无益，反而有害，这是晓以利害；二层是追忆秦、晋多年来的恩怨，指出二者之间的矛盾。更难得的是，烛之武在文中八次提到"君"，好像是处处为秦国着想，增强了语言的亲和力和感染力，拉近了自己跟秦穆公的关系，这是一种十分高明的攻心之术，难怪秦穆公听后会"悦"了。

蹇叔哭师①

《左传》

"知人论世" 聊背景

公元前 628 年，一代霸主晋文公去世。秦穆公见文公已死，便想乘机争霸中原，于是派兵攻打郑国。大臣蹇叔极力反对，理由是秦国与郑国相隔千里，即使军队能到达郑国，也一定会疲惫不堪。但秦穆公不听劝阻，结果中途遭到晋军伏击，几乎全军覆没。此文写的是蹇叔在秦军出师前的劝谏辞令，以及无力阻止后 "哭师" 的情形。

"抑扬顿挫" 读原文

杞子自郑使告于秦曰②："郑人使我掌其北门之管，若潜师以来，国可得也。"穆公访诸蹇叔。蹇叔曰："劳师以袭远，非所闻也。师劳力竭，远主备之，无乃不可乎？师之所为，郑必知之，勤而无所，必有悖心③。且行千里，其谁不知？"公辞焉。召孟明、西乞、白乙④，使出师于东门之外。蹇叔哭之，曰："孟子！吾见师之出而不见其入也！"公使谓之曰："尔何知？中寿⑤，尔墓之木拱矣。"

蹇叔之子与师，哭而送之，曰："晋人御师必于殽⑥。殽有二陵焉：其南陵，夏后皋之墓也⑦；其北陵，文王之所辟风雨也。必死是间，余收尔骨焉！"秦师遂东。

"字斟句酌"查注释

①蹇（jiǎn）叔：秦国的老臣。②杞子：秦国大夫。③悖心：叛逆之心。④孟明、西乞、白乙：三人都是秦国的将领。⑤中寿：六十岁上下。⑥殽（xiáo）：通"崤"，山名，在今河南洛宁西北。⑦夏后皋：夏代天子，名皋。

"古文今解"看译文

秦国大夫杞子从郑国派人告诉秦国说："郑国人让我掌管他们国都北门的钥匙，如果偷偷派兵前来，郑国唾手可得。"秦穆公为此咨询蹇叔。蹇叔说："让军队长途跋涉去袭击远方的国家，我没有听说过。军队辛劳，精疲力竭，远方国家的君主又有所防备，这样做恐怕不行吧？我们军队的举动，郑国必定会知道，使军队辛苦奔波而无所得，军队一定会产生叛逆的念头。再说行军千里，谁会不知道？"秦穆公拒绝接受他的意见，召见了孟明、西乞和白乙，让他们从东门外出兵伐郑。蹇叔哭着送他们说："孟明啊，我看着大军出发却看不见他们回来了！"秦穆公派人对蹇叔说："你知道什么？如果你只活到六七十岁就死了的话，现在你坟上的树该长到两手合抱粗了！"

蹇叔的儿子在军队里，蹇叔哭着送儿子说："晋国人必定在崤山抗击我军。崤有两座山头：南面的山头是夏后皋的坟墓，北面的山头是周文王避风雨的地方。你们一定会战死在这两座山头之间，我就在那里收你的尸骨吧！"秦国军队接着就向东进发了。

"赏奇析疑"谈方法

蹇叔所说的三段言辞，以及他在此期间一哭再哭的表现，是层层推进、逐步加深、渐次明朗的写法，也预示着这次战役的结果必将是秦国大败，为结局埋下了伏笔。总体来说，这篇文章层次分明，条理清晰，精彩的言辞对话深刻表现了人物的个性。

子产论政宽猛

《左传》

"知人论世" 聊背景

郑国子产临终前，把国事交给太叔，还嘱托太叔治理国家的时候不要过于宽厚仁慈，该严厉的时候就要严厉。太叔执政后，不忍心对老百姓施行严厉的政策，以宽厚治国，结果反而弄得郑国盗贼四起，太叔这才想起子产的遗嘱，于是派兵剿灭盗匪，郑国的治安才好了许多。孔子听说这件事后，发表了一番议论，他说治理国家应该宽厚和严厉并举，只有宽猛并济，国家才能安定。

"抑扬顿挫" 读原文

郑子产有疾，谓子大叔曰 ① ："我死，子必为政。唯有德者能以宽服民，其次莫如猛。夫火烈，民望而畏之，故鲜死焉；水懦弱，民狎而玩之 ②，则多死焉，故宽难。"疾数月而卒。

大叔为政，不忍猛而宽。郑国多盗，取人于萑苻之泽③。大叔悔之，曰："吾早从夫子，不及此。"兴徒兵以攻萑苻之盗，尽杀之，盗少止。

仲尼曰："善哉！政宽则民慢，慢则纠之以猛；猛则民残，残则施之以宽。宽以济猛，猛以济宽，政是以和。《诗》曰：'民亦劳止，汔可小康④；惠此中国，以绥四方。'施之以宽也。'毋从诡随，以谨无良；式遏寇虐，惨不畏明。'纠之以猛也。'柔远能迩⑤，以定我王。'平之以和也。又曰：'不竞不绿⑥，不刚不柔；布政优优，百禄是遒⑦。'和之至也。"及子产卒，仲尼闻之，出涕曰："古之遗爱也！"

"字斟句酌" 查注释

①子大（tài）叔：指游吉。②狎：亲近，轻忽。③萑（huán）苻（fú）之泽：郑国泽名。④汔（qì）：接近，庶几。⑤柔：安抚。⑥绿（qiú）：急躁。⑦遒（qiú）：积聚。

"古文今解" 看译文

郑国的子产生了病，他对太叔说："我死了以后，您肯定会执政。只有有德行的人才能够用宽和的方法来使百姓服从，不然就不如用严厉的方法。火猛烈，百姓一看见就害怕，所以很少有人死在火里；水柔弱，百姓亲近而在其中玩耍，因此有很多人死在水里，所以运用宽和的施政方法很难。"子产病了几个月之后就去世了。

◎ 子产像

太叔执政，不忍心施行猛政而采用宽政。郑国的盗贼很多，聚集在萑苻泽里。太叔得知后感到后悔，说："要是我早听他老人家的话，就不会到这种地步了。"于是，他派步兵去攻打崔符的盗贼，把他们全部杀了，盗贼才稍稍有所收敛。

孔子说："好啊！施政宽和，百姓就怠慢，百姓怠慢就用猛政来加以纠正；施政严厉，百姓就会受到摧残，百姓受到摧残就施以宽政。用宽政来弥补猛政的缺失，用猛政来弥补宽政的缺失，政事因此而和谐。《诗经》上说：'百姓已经辛劳，企盼能稍稍得到安康；在京城之中施行仁政，以此来安抚四方诸侯。'这就是施行宽政。'不能放纵欺诈善变的人，以管束心存不良者；要制止掠夺暴虐的行为，那些为非作歹的人向来残忍而不惧法度。'这是用猛政来纠正宽政的缺失。'安抚边远的地方，统治好自己周边的地方，以此来安定我王室。'这是用平和的政治来安定国家。又说：'不急不缓，不刚不柔；施政宽和，各种福禄就会聚集。'这是宽和到了极点。"等到子产去世，孔子得到了消息，流着眼泪说："子产继承了古人仁爱的遗风呀！"

"赏奇析疑"谈方法

此文先叙述后议论，叙事简短干练，道理却精深博大。首段说了子产宽猛治国的主张，此处既有开门见山的作用，又为后文埋下伏笔。次段写太叔先宽厚误国，再以严厉刚猛的手段挽救郑国，一是照应子产的遗言，衬托子产的高明；二是引出孔子的评论，有过渡的作用。后面写孔子评论宽猛治国，他大量引用《诗经》的诗句论证"宽以济猛，猛以济宽，政是以和"的观点，这样就增强了说服力。文末一句十分精彩，它写孔子听到子产死的消息后，"出涕曰：'古之遗爱也。'"可见孔子对子产的推崇。

卷三

召公谏厉王止谤

《国语》

"知人论世" 聊背景

　　周厉王是西周末年的君主，他生性暴虐，刚愎自用，不但不听大臣的谏言，还对百姓的言行严加控制，百姓言语稍有不慎便会招致杀身之祸。本文记的是大臣召公劝谏厉王，告诉他要广开门路，不要禁止百姓批评君主，揭示了"防民之口，甚于防川"的道理。

"抑扬顿挫" 读原文

　　厉王虐，国人谤王。召公告曰①："民不堪命矣！"王怒，得卫巫②，使监谤者，以告，则杀之。国人莫敢言，道路以目。

　　王喜，告召公曰："吾能弭谤矣③，乃不敢言。"召公曰："是障之也！防民之口，甚于防川。川壅而溃，伤人必多，民亦如之。是故为川者决之使导，为民者宣之使言④。故天子听政，使公卿至于列士献诗，瞽献曲⑤，史献书，师箴，瞍赋⑥，矇诵⑦，百工谏，庶人传语，近臣尽规，亲戚补察，瞽、史教诲，耆、艾修之⑧，而后王斟酌焉，是以事行而不悖。民之有口也，犹土之有山川也，财用于是乎出；犹其有原隰衍沃也⑨，衣食于是乎生。口之宣言也，善败于是乎兴。行善而备败，所以阜财用、衣食者也。夫民虑之于心而宣之于口，成而行之，胡可壅也？若壅其口，其与能几何？"

王弗听，于是国人莫敢出言。三年，乃流王于彘⑩。

"字斟句酌" 查注释

①召（shào）公：姬姓，名虎，周王卿士。②卫巫：卫国的巫师。③弭（mǐ）：消除。④宣：开导。⑤瞽（gǔ）：盲人。⑥瞍：目中无瞳仁的盲人。⑦矇：有瞳仁而看不见东西的盲人。⑧耆、艾：古时称六十岁的人为耆，五十岁的人为艾，这里是指德高望重的长者。⑨隰（xí）：低湿的地方。衍：低而平坦之地。⑩彘（zhì）：晋地，在今山西霍州。

"古文今解" 看译文

周厉王暴虐无道，国都里的人指责他的过失。召公告诉厉王说："百姓受不了你的政令了！"周厉王很恼怒，找来一个卫国的巫师，监视指责自己的人，只要巫师来报告，厉王就将被告发的人杀掉。国都里的人于是都不敢说话了，在道路上碰见，彼此只用眼神示意。

厉王很高兴，对召公说："我能够消除谤言了，他们不敢说话了。"召公说："这是堵住了百姓的嘴呀！不让百姓说话，比堵截江河水流还要危险。河流被堵塞，最终会造成堤坝崩溃，被伤害的人一定很多，禁止人们的言论也是这样。所以治理水患的人，会疏浚水道以使水流畅通无阻；治理国家的人，应该开导百姓，让他们敢于讲话。所以天子处理政事时，让公卿大夫到下层官员都可以进献讽谏的诗歌，让盲艺人进献反映民意的歌曲，让史官进献可资借鉴的史书，让乐师进献规劝天子的箴言，让瞍者朗诵，让矇者吟咏，让百工进谏，一般百姓的意见则间接地传达给天子，亲近的大臣要尽规劝国君的责任，和国君同宗的大臣要弥补国君的过失并监督国君的行为，乐师和史官要用乐曲和史书来对国君进行教诲，朝中老臣要对天子进行劝诫，然后由天子亲自斟酌

◎ 召公像

裁决，从而使自己的行事不与常理相违背。百姓有嘴，就像土地上有山与河流，财富由此产生；就像其上有平原、洼地，高低良田，衣食皆从中出。让百姓知无不言，国家政事的好坏就能从他们的言论中反映出来。推行百姓认为是好的东西，防范百姓认为是坏的东西，这正是使衣食财富增多的好办法。百姓在心中思考，然后用言论表达出来，反复思虑成熟后便付诸行动，怎么能堵住他们的嘴呢？如果堵住了百姓的嘴，那又能堵塞多久呢？"

厉王不听召公的劝告，国都里没人敢讲话。三年后，大家就把厉王流放到了彘地。

"赏奇析疑"谈方法

此文用"王怒""王喜""王弗听"描写周厉王表情的变化，这是本文的一条线索，透过简单而形象的表情刻画，将周厉王刚愎自用的性格特征表露无遗。另外，召公的言辞中常用譬喻，如他把"防民之口"比作"防川"，其结果只能是"川壅而溃，伤人必多"，这一譬喻十分形象，将当时那种危急的形势展现了出来，增加了文章的气势。吴楚材、吴调侯点评此文说："（此文）妙在将正意、喻意夹和成文，笔意纵横，不可端倪。"

叔向贺贫①

《国语》

"知人论世" 聊背景

晋国执政大臣韩宣子为贫穷而烦恼，叔向却前来向他祝贺。韩宣子不明白他的用意，就问他为何这么做。叔向举了晋国大夫栾武子一家三代的兴衰，以及郤昭子家族富贵到极点而亡的事例，从侧面告诉宣子，富贵并不能保证韩氏的兴盛，只有德行才能保证韩氏的昌盛。

"抑扬顿挫" 读原文

叔向见韩宣子②，宣子忧贫，叔向贺之。宣子曰："吾有卿之名，而无其实，无以从二三子，吾是以忧，子贺我，何故？"

对曰："昔栾武子无一卒之田③，其宫不备其宗器，宣其德行，顺其宪则，使越于诸侯。诸侯亲之，戎、狄怀之，以正晋国。行刑不疚④，以免于难。及桓子⑤，骄泰奢侈，贪欲无艺，略则行志⑥，假货居贿，宜及于难，而赖武之德，以没其身。及怀子⑦，改桓之行，而修武之德，可以免于难，而离桓之罪⑧，以亡于楚。夫郤昭子⑨，其富半公室，其家半三军，恃其富宠，以泰于国。其身尸于朝，其宗灭于绛⑩。不然，夫八郤，五大夫三卿，其宠大矣。一朝而灭，莫之哀也，惟无德也！

"今吾子有栾武子之贫，吾以为能其德矣，是以贺。若不忧德之不

建，而患货之不足，将吊不暇，何贺之有？"

宣子拜，稽首焉，曰："起也将亡，赖子存之。非起也敢专承之，其自桓叔以下，嘉吾子之赐。"

"字斟句酌"查注释

①叔向：晋国大夫。②韩宣子：韩起，晋国上卿。③栾武子：栾书，晋国上卿。一卒之田：即百顷田地。上卿享受的待遇应该是五百顷田地。④疚：弊病。⑤桓子：栾黡。栾书之子，晋国大夫。⑥略：犯。则：法。⑦怀子：栾盈。栾黡之子，晋国下卿。⑧离：同"罹"，遭受。⑨郤（xì）昭子：郤至，晋国卿。⑩绛：晋国的国都，今山西绛县。

"古文今解"看译文

叔向去见韩宣子，宣子正为穷困发愁，叔向向他道贺。宣子说："我有卿之名，但无卿之实，连和几个卿大夫来往应酬都常常是捉襟见肘，我因此正在发愁，你却祝贺我，这是什么缘故？"

叔向回答说："过去栾武子不曾有一百顷的田地，家里连祭器都不完备，但他发扬德行，顺应法度，名声传播于诸侯之间。诸侯亲近他，戎狄归附他，晋国因此得到了安定。他执行刑法没有弊病，后来也因此而避免了灾难。他儿子桓子骄傲奢侈，贪得无厌，忽视法制，逞纵私欲，放债取利，囤积财富，这人本该受到灾祸，但赖于栾武子的德行，竟然得以善终。到了怀子，他一改父亲桓子胡作非为的行为方式，而继承了武子的德行，本该免于灾祸，但终究因为父亲罪孽深重，自己不得不逃亡到楚国。再说郤昭子家吧，郤昭子的财富抵得上王室的一半，家人属下占据了军中一半的官职，可是他凭借财势，横行国内，结果尸体摆在朝廷示众，宗族也在绛被诛灭。不是这样的话，那郤家出来的八个人，有五位是大夫，三位是卿相，可谓是显赫庞大之极了，而一旦灭亡，没有一个人同情，就是因为没有德行的缘故。

"现在您有像栾武子一样的贫乏，我以为也应该继承他的德行，因此向您祝贺。假若不担忧德行尚未树立，却只担忧财产不够，我哀吊你都来不及，哪有什么可祝贺的？"

宣子听了作揖下拜，并向他叩头说："我也是几乎要灭亡了，都是依靠您得以保全。不但我蒙受您的教诲，先祖桓叔的后代，都要拜谢您的恩赐啊。"

◎ 松鹤高士图 ［南宋］马远

"赏奇析疑" 谈方法

开篇处一忧一喜，形成鲜明对比，也暗示了此文的结构充满起伏变化。引用栾武子和郤昭子的家事，一是为了说明富贵容易导致衰败，从侧面指出贫富与否不是家族兴衰的关键；再就是引出叔向的观点，即"一朝而灭，莫之哀也，惟无德也"。

曾子易箦①

《礼记》

"知人论世" 聊背景

　　曾子病重，卧在病榻之上，他的弟子和儿子都在他旁边伺候。这时，曾子家中的仆童发现曾子身下所铺的席子跟礼制不符合，就毫无顾忌地说了出来。曾子的弟子和儿子不想让曾子再起身折腾，但曾子却坚持起身更换席子，然后安然死去。

"抑扬顿挫" 读原文

　　曾子寝疾，病。乐正子春坐于床下②，曾元、曾申坐于足③，童子隅坐而执烛。

　　童子曰："华而睆④，大夫之箦与？"子春曰："止！"曾子闻之，瞿然曰⑤："呼！"曰："华而睆，大夫之箦与？"曾子曰："然。斯季孙之赐也⑥，我未之能易也。元，起易箦。"曾元曰："夫子之病革矣⑦，不可以变。幸而至于旦，请敬易之。"曾子曰："尔之爱我也不如彼。君子之爱人也以德，细人之爱人也以姑息。吾何求哉？吾得正而毙焉，斯已矣。"举扶而易之，反席未安而没。

"字斟句酌" 查注释

　　① 曾子：名参，鲁国人，孔子的学生。箦（zé）：竹席。② 乐正子春：曾

参的弟子。乐正是乐官名。③曾元、曾申：都是曾参之子。④睆（huàn）：光亮。⑤瞿（jù）然：吃惊的样子。⑥季孙：鲁国大夫。⑦革（jí）：危急。

"古文今解" 看译文

曾子病卧在床上，病情已经很重了。乐正子春坐在床下，儿子曾元、曾申坐在曾子的脚边，童仆坐在屋子的角落里，手拿着蜡烛。

童仆说："华美而光亮，是大夫用的席子吧？"乐正子春说："别说话！"曾子听到了，吃惊地说："啊！"童仆又说道："华美而光亮，是大夫用的席子吧？"曾子说："是的，这是季孙赠给我的，我还没来得及把它换掉。元，扶我起来，把席子换掉。"曾元说："您老人家的病已经很重了，现在不能更换。希望挨到天亮，再让我很恭敬地来换掉。"曾子说："你爱护我，还不如那童子。君子爱护人是从德行上去爱护他，小人爱护人是姑息迁就。我还要求什么呢？我只盼望死得合于礼制罢了。"于是大家扶起曾子，换了席子，再把他扶回到床上，还没有躺安稳，曾子就去世了。

◎ 曾参像

"赏奇析疑" 谈方法

本文虽只有短短一百多字，但其中的四个人物形象却惟妙惟肖，十分生动。曾子大病之中，听到童子的提醒，毫不犹豫地说了一个"然"，可见曾子对礼制的执着之心；童子在曾子垂危之际，仍然毫无忌讳地提醒曾子要守礼，可见他的天真；子春虽然只说了一个"止"字，却已把他当时气急败坏的心情描绘了出来，此文用字之神，堪称绝妙！

27

邹忌讽齐王纳谏 ①

《战国策》

"知人论世" 聊背景

邹忌是齐宣王时的名臣，他和大将军田忌是宣王的左膀右臂，在二人的辅佐下，齐国成了战国中期的强国。这篇文章写邹忌因生活中的一件小事，悟出了治理国家的道理。宣王听了他的劝谏之辞，齐国在短短几年间威望大增，诸侯们纷纷到齐国朝见齐王。

"抑扬顿挫" 读原文

邹忌修八尺有余 ②，而形貌昳丽 ③。朝服衣冠，窥镜，谓其妻曰："我孰与城北徐公美？"其妻曰："君美甚，徐公何能及君也！"城北徐公，齐国之美丽者也。忌不自信，而复问其妾曰："吾孰与徐公美？"妾曰："徐公何能及君也！"旦日，客从外来，与坐谈，问之："吾与徐公孰美？"客曰："徐公不若君之美也。"

明日，徐公来，熟视之，自以为不如，窥镜而自视，又弗如远甚。暮，寝而思之，曰："吾妻之美我者，私我也；妾之美我者，畏我也；客之美我者，欲有求于我也。"

◎ 邹忌对镜审视容貌

于是入朝见威王，曰："臣诚知不如徐公美，臣之妻私臣，臣之妾畏臣，臣之客欲有求于臣，皆以美于徐公。今齐地方千里，百二十城，宫妇左右莫不私王，朝廷之臣莫不畏王，四境之内莫不有求于王。由此观之，王之蔽甚矣！"王曰："善。"乃下令："群臣吏民，能面刺寡人之过者，受上赏；上书谏寡人者，受中赏；能谤议于市朝，闻寡人之耳者，受下赏。"

令初下，群臣进谏，门庭若市；数月之后，时时而间进④；期年之后，虽欲言，无可进者。燕、赵、韩、魏闻之，皆朝于齐。此所谓战胜于朝廷。

 "字斟句酌" 查注释

①邹忌：战国时齐人。②修：长。③昳（yì）丽：神采焕发，容貌美丽。
④间：断断续续。

 "古文今解" 看译文

邹忌身高八尺有余，体形容貌潇洒漂亮。有一天早上，他穿戴好衣帽，照着镜子，对他的妻子说："我与城北的徐公相比谁漂亮？"他的妻子说："您漂亮极了，徐公怎能和您相比呀！"城北的徐公，是齐国的美男子。邹忌不相信自己比他漂亮，就又问他的妾说："我和徐公谁更漂亮？"他的妾说："徐公哪里比得上您呢！"第二天，有位客人从外面来，邹忌跟他坐着交谈，问他说："我和徐公谁更漂亮？"客人说："徐公不如您漂亮啊。"

又过了一天，徐公来了，邹忌端详了许久，自认为不如他漂亮；再次照着镜子看自己，更觉得自己差得很远。晚上躺在床上反复思考这件事，说："妻子赞美我，是因为偏爱我；妾赞美我，是因为害怕我；客人赞美我，是因为有求于我。"

于是上朝去见齐威王，说："我的确知道自己不如徐公漂亮，可是，我的妻子偏爱我，我的妾怕我，我的客人有求于我，都说我比徐公漂亮。如今齐国领土方圆千里，城池一百二十座，后妃们和左右近臣没有不偏爱大王的，朝廷上的臣子没有不害怕大王的，全国没有谁不有求于大王的，由此看来，您受的蒙蔽太严重了！"威王说："说得不错！"于是下令："群臣、官吏和百姓，能够当面指责我的过错的，得头等奖赏；上书劝谏我的，得中等奖赏；能够在公共场所或朝堂上指摘我的过失并让我听到的，得下等奖赏。"

命令刚下达的时候，许多大臣都来进言劝谏，门庭若市；几个月后，还有人断断续续地进言劝谏；一年以后，即使有人想进言劝谏，也没有什么可说的了。燕国、赵国、韩国、魏国听说了这件事，都到齐国来朝拜。这就是人们说的在朝廷上征服了别的国家。

"赏奇析疑" 谈方法

邹忌问身边的人他和徐公谁漂亮，大家出于各种原因都赞他漂亮，这其实只是一件生活中的小事。但是，在邹忌眼里，这件小事却暗含了治理国家的大道理。他向威王提意见时，巧妙地把这件事跟治国对照起来，以自己喻指君王，以妻子喻指后妃，以小妾喻指大臣，以客人喻指诸侯，指出当今齐国的情形是：妃嫔私王，群臣畏王，诸侯有求于王，所以多数人都对君王说好听的话，以致君王受了蒙蔽。以小见大、借题发挥是古文的常用写法，它的好处在于以生活入题，让人倍感亲切，既避免了长篇大论，还增加了文章的趣味。

此文惜墨如金，前面为引入讽谏齐王设伏。"王曰善"以下，尽言齐王善于纳谏。邹忌讽谏齐王之处，唯在"臣诚知不如徐公美"数语。清代金圣叹点评此文说："一段问答斗美，一段暮寝自思，一段入朝自述，一段讽王蔽甚，一段下令受谏，一段进谏渐稀，段段简峭之甚。"此篇从开头到结尾均用三叠法，变而不变，不变而变，步步引人入胜，不愧为《战国策》中"最昌明正大者"。

颜斶说齐王①

《战国策》

"知人论世" 聊背景

> 齐王对士人颜斶出语轻慢，颜斶反唇相讥；齐王以荣华富贵邀请他来辅佐，颜斶以不愿为名利所浸淫而拒绝。一篇之中，极见士人清高风范。

"抑扬顿挫" 读原文

齐宣王见颜斶，曰："斶前！"斶亦曰："王前！"宣王不说。左右曰:"王,人君也;颜,人臣也。王曰'颜前',颜亦曰'王前',可乎?"颜对曰:"夫颜前为慕势,王前为趋士。与使颜为慕势,不如使王为趋士。"王忿然作色曰:"王者贵乎?士贵乎?"对曰:"士贵耳,王者不贵。"王曰:"有说乎?"颜曰:"有。昔者秦攻齐,令曰:'有敢去柳下季垄五十步而樵采者②,死不赦!'令曰:'有能得齐王头者,封万户侯,赐金千镒!'由是观之,生王之头,曾不若死士之垄也。"

宣王曰:"嗟乎,君子焉可侮哉?寡人自取病耳③!愿请受为弟子。且颜先生与寡人游,食必太牢④,出必乘车,妻子衣服丽都。"颜颜辞去曰:"夫玉生于山,制则破焉,非弗宝贵矣,然太璞不完。士生乎鄙野,推选则禄焉,非不尊遂也⑤,然而形神不全。颜愿得归,晚食以当肉,安步以当车,无罪以当贵,清净贞正以自虞。"则再拜而辞去。

君子曰:"颜知足矣,归真反璞,则终身不辱。"

◎ 颜颜说齐王

"字斟句酌"查注释

①颜斶（chù）：齐国隐士。②柳下季：即展禽，又称柳下惠，鲁国的贤士。③病：羞辱。④太牢：古代帝王、诸侯祭祀社稷时，牛、羊、猪三牲齐备称太牢。⑤尊遂：尊贵显达。

"古文今解"看译文

齐宣王召见颜斶，宣王说："颜斶，到近前来！"颜斶也说："大王，到近前来！"宣王听了很不高兴。左右的人责备颜斶说："王是君主，颜斶是臣子，君王说'颜斶，到近前来'，你也跟着说'大王，到近前来'，这像话吗？"颜斶回答说："我主动上前是贪慕权势，大王主动上前则是礼贤下士。与其使我成为贪慕权势的顺臣，不如让大王成为礼贤下士的明主。"宣王听后勃然变色说："是君王尊贵，还是士尊贵？"颜斶回答说："士尊贵，君王不尊贵。"宣王又问："有什么根据吗？"颜斶答道："有。昔日秦国攻打齐国，曾下过一道命令，说：'有胆敢去柳下季墓地五十步之内的地方砍柴采木的人，一律死罪不赦！'还有一道命令说：'有能得齐王头颅的人，封万户侯，赏黄金两万两！'由此来看，活着的君王的头颅，还不如死去的士人的坟头珍贵。"

宣王说："唉，对君子怎么可以侮辱呢？我这是自取其辱呀！希望先生接受我做弟子。只要先生与我交游，吃的必然是肉食，出门必定是乘车马，妻子儿女穿戴华丽。"颜斶谢绝而离去，临走之前说："玉石生在山上，加工后就破坏了它，不是说加工了就不珍贵了，是失去了璞玉原有的完整。士人生长在山野，经过推举选拔就能吃上俸禄，地位并不是不尊贵，只是形体和精神却不如原来完整了。颜斶情愿回去，晚一点吃饭，可以抵得上吃肉；信步缓行，可以抵得上乘车；不犯罪就是地位尊贵，保持清净的生活和纯正的节操，以此来使自己得到快乐。"说罢，向着宣王拜了两拜，告辞而去。

君子说："像颜斶这样的人是知道满足的，归于自然，回到自己纯正质朴的生活，终身安乐，不受羞辱。"

颜斶游说齐王时，运用了很多修辞技巧。首段中齐王以势利笼络颜斶，并非真的虚心请教，所以颜斶有理有节地跟齐王辩论，言辞高傲，势险节短。为支持"士贵耳，王者不贵"的观点，引用秦王敬重士人柳下季而轻视齐王的事迹，反衬士人的可贵，语言生动而富于说服力。次段以天然美玉经工人雕琢而质变形破的譬喻，表达了自己不愿为世俗名利所污染的志趣。文末辞谢齐王利禄之语，语气平缓而态度坚决，尽显士人宽厚儒雅的气度和坚定的节操。"晚食当肉""安步当车"后来成为成语，用来形容不热衷名利。

触詟说赵太后 ①

《战国策》

战国中期，秦国派兵攻打赵国。当时，赵武灵王年幼，朝政由赵太后处理。赵太后想找齐国相助，齐国答应出兵，但条件是把太后的小儿子长安君作为人质，赵太后不同意，群臣苦谏也没能奏效。这时，左师触詟站了出来，他以极其巧妙的方法，终于说服太后同意派长安君去齐国做人质。

"抑扬顿挫"读原文

　　赵太后新用事，秦急攻之。赵氏求救于齐，齐曰："必以长安君为质②，兵乃出。"太后不肯，大臣强谏。太后明谓左右："有复言令长安君为质者，老妇必唾其面！"

　　左师触詟愿见。太后盛气而揖之③。入而徐趋，至而自谢，曰："老臣病足，曾不能疾走，不得见久矣，窃自恕。恐太后玉体之有所郄也④，故愿望见。"太后曰："老妇恃辇而行。"曰："日食饮得无衰乎？"曰："恃鬻耳⑤。"曰："老臣今者殊不欲食，乃自强步，日三四里，少益嗜食，和于身。"曰："老妇不能。"太后之色少解。

　　左师公曰："老臣贱息舒祺，最少，不肖。而臣衰，窃爱怜之，愿令得补黑衣之数，以卫王宫，没死以闻⑥！"太后曰："敬诺。年几何矣？"对曰："十五岁矣。虽少，愿及未填沟壑而托之⑦。"太后曰："丈夫亦爱怜其少子乎？"对曰："甚于妇人。"太后曰："妇人异甚！"对曰："老臣窃以为媪之爱燕后⑧贤于长安君。"曰："君过矣，不若长安君之甚！"左师公曰："父母之爱子，则为之计深远。媪之送燕后也，持其踵为之泣⑨，念悲其远也，亦哀之矣。已行，非弗思也，祭祀必祝之，祝曰：'必勿使反！'岂非计久长，有子孙相继为王也哉？"太后曰："然。"

　　左师公曰："今三世以前，至于赵之为赵，赵王之子孙侯者，其继有在者乎？"曰："无有。"曰："微独赵，诸侯有在者乎？"曰："老妇不闻也。""此其近者祸及身，远者及其子孙。岂人主之子孙则必不善哉？位尊而无功，奉厚而无劳⑩，而挟重器多也。今媪尊长安君之位，而封以膏腴之地，多予之重器，而不及今令有功于国。一旦山陵崩，长安君何以自托于赵？老臣以媪为长安君计短也，故以为其爱不若燕后。"太后曰："诺。恣君之所使之⑪。"于是为长安君约车百乘质于齐，齐兵乃出。

　　子义闻之曰："人主之子也，骨肉之亲也，犹不能恃无功之尊、无劳之奉，而守金玉之重也，而况人臣乎！"

"字斟句酌" 查注释

①触詟（zhé）：赵国的左师（官名）。赵太后：即赵威后，惠文王之妻。惠文王死后，因为其子孝成王年幼，所以由赵威后辅佐执政。②长安君：赵威后幼子的封号。③揖：揖让。④郄（xì）：身体不舒适。⑤鬻：通"粥"。⑥没死：冒死。⑦填沟壑：指死。⑧媪（ǎo）：对老年妇女的称呼。燕后：赵威后的女儿，嫁给燕王为妻。⑨踵（zhǒng）：脚后跟。⑩奉：通"俸"，即俸禄。⑪恣（zì）：听任。

"古文今解" 看译文

　　赵太后刚刚执政，秦国就加紧攻赵。赵国向齐国求救，齐国说："一定要用长安君作为人质，才派兵。"赵太后不肯答应，大臣们极力劝说，太后明确地对左右的人说："有再来说将长安君作为人质的，我就要把唾沫啐在他的脸上！"

　　左师触詟要求进见太后，太后气冲冲地等着他。触詟进门之后，缓慢地小步向前走着，到了太后跟前主动谢罪说："老臣的脚有毛病，根本不能快步走，好久没有见到太后了，只好私下里以脚病宽恕自己，但恐怕太后玉体欠安，所以想来看看您。"太后说："老身也只是靠着辇车才能行动。"触詟又问："太后每日的饮食该没减少吧？"太后说："不过吃点稀饭罢了。"触詟说："老臣近来特别不想吃东西，自己勉强散散步，每天走三四里，才稍稍增加了一些食欲，身体也安适了些。"太后说："我可做不到。"这时候太后脸上的怒色稍稍缓和了一些。

　　触詟又说："老臣的贱子舒祺，年纪最小，不成器得很，而我已经衰老了，心里很疼爱他，希望能让他当一名黑衣侍卫，来保卫王宫。我特地冒死来向您禀告。"太后回答说："好吧。他多大年纪了？"触詟回答道："十五岁了。虽说还小，我却希望趁我没死之前把他托付给您。"太后问："男人也爱他的小儿子吗？"触詟答道："比女人疼爱得还要厉害。"

太后答道："女人疼爱得更厉害！"触詟说："我私下认为您对燕后的疼爱超过长安君。"太后道："您说错了，不像疼爱长安君那么厉害。"触詟说："父母疼爱自己的孩子，总要替他们做长远的打算。您送燕后出嫁的时候，握着她的脚后跟，为她哭泣，为她远嫁而悲伤，这实在是令人哀痛的事情。燕后走了，并不是就不想念她了，可是祭祀时一定为她祝福，说：'千万别让她回来！'您这样做难道不是为长远打算，希望她的子孙能相继成为燕王吗？"太后答道："是这样啊。"

触詟又说："从现在上推三代，一直推到赵国刚刚开始建国的时候，历代赵王的子孙受封为侯的，他们的继承人还有存在的吗？"太后答道："没有。"触詟又问："不只是赵国，其他诸侯国里有相继为侯的吗？"太后说："我还没听说过。"触詟说道："这大概就是，近的祸患落到自己身上，远的灾祸会累及子孙。难道国君的子孙一定都不好吗？只是因为他们地位尊贵，而无功于国；俸禄优厚，而无劳绩，却拥有大量的贵重财宝。现在您使长安君地位尊贵，又分封给他肥沃的土地，赐给他很多宝物，而不让他趁早有功于国，有朝一日您不在了，长安君凭什么在赵国立身呢？老臣认为您没有替长安君做长远的打算呀，所以认为您对他的疼爱不如对燕后。"太后听完了说："好吧，任凭您怎样指派他吧。"于是为长安君准备了一百辆车子，到齐国做了人质。齐国的军队这才出动。

子义听到了这件事，说："国君的孩子，是国君的亲骨肉，尚且不能依靠没有功勋的尊贵地位、没有功劳的丰厚俸禄来守住金玉宝器，更何况是做臣子的呢！"

"赏奇析疑"谈方法

触詟没出场前，大殿上形势紧张，太后甚至以村妇俚语大骂群臣。触詟之所以最终能够进谏成功，在于他先叙自己与赵太后的老年光景，引起太后的同病相怜之感。触詟聊家常、引幼子入题，看似无关劝谏之事，等读到最后，方知从头到尾，没有一处虚着。太后听触詟为少子打算，自然而然地引出"爱怜少子"一句，触詟趁机斩关而入，终于言及"长安君"的话题。触詟游说太后，句句闲话，步步闲情，又妙在从妇人性情出发，字字机警，笔笔针锋，进言之妙，无过于此。

唐雎不辱使命

《战国策》

"知人论世" 聊背景

　　战国后期，秦国灭掉了韩国、魏国，继而想夺取魏国的附庸安陵。安陵君见情势不妙，就派唐雎出使秦国。唐雎到达秦国后，秦王先是以十倍之地相诱，后又以兵戈相威胁，想迫使唐雎屈服。唐雎据理力争，凭着刚勇之气迫使秦王不敢肆意妄为，最后全身而退。

"抑扬顿挫" 读原文

　　秦王使人谓安陵君曰①："寡人欲以五百里之地易安陵，安陵君其许寡人！"安陵君曰："大王加惠，以大易小，甚善。虽然，受地于先王，愿终守之，弗敢易。"秦王不说②。安陵君因使唐雎使于秦。

　　秦王谓唐雎曰："寡人以五百里之地易安陵，安陵君不听寡人，何也？且秦灭韩亡魏，而君以五十里之地存者，以君为长者，故不错意也③。今吾以十倍之地，请广于君，而君逆寡人者，轻寡人与？"唐雎对曰："否，非若是也。安陵君受地于先王而守之，虽千里不敢易也，岂直五百里哉？"

秦王怫然怒④，谓唐雎曰："公亦尝闻天子之怒乎？"唐雎对曰："臣未尝闻也。"秦王曰："天子之怒，伏尸百万，流血千里。"唐雎曰："大王尝闻布衣之怒乎？"秦王曰："布衣之怒，亦免冠徒跣⑤，以头抢地耳⑥。"唐雎曰："此庸夫之怒也，非士之怒也。夫专诸之刺王僚也⑦，彗星袭月；聂政之刺韩傀也⑧，白虹贯日；要离之刺庆忌也⑨，苍鹰击于殿上。此三子皆布衣之士也，怀怒未发，休祲降于天⑩，与臣而将四矣。若士必怒，伏尸二人，流血五步，天下缟素⑪，今日是也！"挺剑而起。

秦王色挠⑫，长跪而谢之曰⑬："先生坐，何至于此！寡人谕矣⑭。夫韩、魏灭亡，而安陵以五十里之地存者，徒以有先生也。"

"字斟句酌"查注释

①秦王：即秦始皇嬴政。安陵君：安陵国的国君。②说：通"悦"，高兴。③错意：通"措意"，放在心上。④怫（fú）然：愤怒的样子。⑤徒跣（xiǎn）：光着脚。⑥抢（qiāng）：撞。⑦专诸：春秋时吴国的勇士，曾经为吴国的公子光刺杀了吴王僚。⑧聂政：战国时齐国人，曾经为韩大夫严仲子刺杀了韩相韩傀（guī）。⑨要离：春秋时吴国的勇士，曾经为吴王阖闾刺杀了吴王僚之子庆忌。⑩休：吉兆。祲（jìn）：不祥之兆。⑪缟（gǎo）素：指丧服。⑫挠：屈服。⑬长跪：两膝着地，臀部离开足跟，直身而跪。⑭谕：通"喻"，明白。

"古文今解"看译文

秦王嬴政派人转告安陵君说："我打算用方圆五百里的土地交换安陵，安陵君应该会答应我吧！"安陵君说："承蒙大王施予恩惠，用大块土地交换小块土地，这太好了。虽然如此，但我从先王那里接受了这块封地，愿意终生守护它，不敢拿它交换。"秦王知道了很不高兴。安陵君因此派唐雎出使秦国。

　　秦王对唐雎说："我用五百里的土地去换安陵，安陵君不听从我，这是为什么？况且秦国灭了韩国和魏国，然而安陵君却凭借方圆五十里的土地生存下来，是因为我把安陵君当作忠厚的长者，所以没有放在心上。现在我用十倍于安陵的土地，想要使安陵君的领土得到扩大，他却违背我的意愿，是轻视我吗？"唐雎回答说："不，不是这样的。安陵君从先王那里接受了封地而守着它，即使是方圆千里的土地也不敢拿去交换，何况是五百里的土地呢？"

　　秦王非常愤怒，对唐雎说："您听说过天子发怒吗？"唐雎回答说："我未曾听说过。"秦王说："天子发怒，将使百万尸首倒下，血流千里。"唐雎说："大王听说过平民发怒吗？"秦王说："平民发怒，不过是摘掉帽子，光着脚，用头撞地罢了。"唐雎说："这是平庸之辈发怒，不是士人发怒。当年专诸刺杀吴王僚的时候，彗星的光芒冲击了月亮；聂政刺杀韩傀的时候，白虹穿过太阳；要离刺杀庆忌的时候，苍鹰在宫殿上空搏斗。这三个人都是出身平民的士人，心里怀着的怒气还没爆发出来，上天就降下了吉凶的征兆，加上我一起，将要成为四个人了。如果有胆识之士真的发怒，横在地上的尸首不过是两个人，血只流五步远，可是天下之人就要穿白戴孝了，今天就要发生这样的情况！"于是拔出宝剑站了起来。

　　秦王的脸色颓丧，挺直上身跪着向唐雎道歉说："先生请坐，何至于这样呢！我明白了。为什么韩国、魏国灭亡，然而安陵却凭借五十里的土地还能够生存下来，只是因为有先生啊。"

"赏奇析疑"谈方法

　　此文最精彩的一瞬，就是秦王的"天子之怒"与唐雎的"布衣之怒"对决的时候。秦王软硬兼施，他见怀柔不奏效，便以"天子之怒，伏尸百万，流血千里"相威胁。这体现了秦王恃强凌弱的霸道。唐雎则以专诸刺王僚、聂政刺韩傀、要离刺庆忌的故事，说明"布衣之怒"可以"伏尸二人，流血五步，天下缟素"。"布衣之怒"与"天子之怒"针锋相对，在写"布衣之怒"时，文中以"彗星袭月""白虹贯日""苍鹰击于殿上"加以形容，虽有夸张成分，却把文章的气格提升了不少，有"直斩长鲸海水开"的雄迈险绝气魄，难怪秦王最后只能"色挠""长跪"了。清代唐介轩《古文翼》中说："气撼五岳，妙于有体。称先王不涉迂阔，言士怒非徒刚狠。慷慨而谈，令人心开目爽。"本文胜在一个"气"字，文中所记的唐雎事迹，不减荆轲、聂政二事的手笔，令人一读一击节，真是一篇奇文！

谏逐客书

李 斯

"知人论世"聊背景

　　秦国以善于招揽人才著称，商鞅、张仪、范雎等名相都不是秦国人，但是三人都为秦的强盛作出了贡献。战国末年，韩国水工郑国为虚耗秦国国力，避免秦国入侵韩国，而建议秦王大修水利。不料，郑国的意图被秦王发觉，秦人认为外来的人才并非真心效忠秦国，就建议秦王逐客。秦王政觉得有理，就下了逐客令。大臣李斯是楚国人，也在被驱逐的行列里，于是他写下这篇《谏逐客书》，追述客对秦国的贡献，并指出客是秦国统一天下的必要条件。李斯的文章观点鲜明，利害关系清晰，秦王最终接受了他的请求，逐客令遂宣布废止。

"抑扬顿挫" 读原文

秦宗室大臣皆言秦王曰[1]："诸侯人来事秦者，大抵为其主游间于秦耳，请一切逐客。"李斯议亦在逐中。

斯乃上书曰："臣闻吏议逐客，窃以为过矣。

"昔穆公求士，西取由余于戎[2]，东得百里奚于宛[3]，迎蹇叔于宋[4]，求丕豹、公孙支于晋[5]。此五子者，不产于秦，而穆公用之，并国二十，遂霸西戎。孝公用商鞅之法[6]，移风易俗，民以殷盛，国以富强，百姓乐用，诸侯亲服，获楚、魏之师，举地千里，至今治强。惠王用张仪之计，拔三川之地，西并巴、蜀，北收上郡[7]，南取汉中，包九夷[8]，制鄢、郢[9]，东据成皋之险[10]，割膏腴之壤[11]，遂散六国之从，使之西面事秦，功施到今。昭王得范雎[12]，废穰侯[13]，逐华阳[14]，强公室，杜私门，蚕食诸侯，使秦成帝业。此四君者，皆以客之功。由此观之，客何负于秦哉！向使四君却客而不内，疏士而不用，是使国无富利之实，而秦无强大之名也。

"今陛下致昆山之玉，有随、和之宝，垂明月之珠，服太阿之剑，乘纤离之马，建翠凤之旗，树灵鼍之鼓[15]。此数宝者，秦不生一焉，而陛下说之[16]，何也？必秦国之所生然后可，则是夜光之璧不饰朝廷，犀象之器不为玩好，郑、魏之女不充后宫，而骏马駃騠不实外厩[17]，江南金锡不为用，西蜀丹青不为采。所以饰后宫、充下陈、娱心意、说耳目者，必出于秦然后可，则是宛珠之簪、傅玑之珥、阿缟之衣、锦绣之饰[18]，不进于前，而随俗雅化、佳冶窈窕赵女不立于侧也。夫击瓮叩缶，弹筝搏髀[19]，而歌呼呜呜、快耳目者，真秦之声也；郑、卫桑间[20]、韶、虞、武、象者，异国之乐也。今弃击瓮而就郑卫，退弹筝而取韶、虞，若是者何也？快意当前，适观而已矣。今取人则不然。不问可否，不论曲直，非秦者去，为客者逐。然则是所重者在乎色乐珠玉，而所轻者在乎人民也。此非所以跨海内、制诸侯之术也。

　　"臣闻地广者粟多，国大者人众，兵强则士勇。是以泰山不让土壤，故能成其大；河海不择细流，故能就其深；王者不却众庶，故能明其德。是以地无四方，民无异国，四时充美，鬼神降福，此五帝、三王之所以无敌也。今乃弃黔首以资敌国[21]，却宾客以业诸侯，使天下之士退而不敢西向，裹足不入秦，此所谓'藉寇兵而赍盗粮'者也[22]。

　　"夫物不产于秦，可宝者多；士不产于秦，而愿忠者众。今逐客以资敌国，损民以益仇，内自虚而外树怨于诸侯，求国之无危，不可得也。"

　　秦王乃除逐客之令，复李斯官。

◎ 峄山碑全本 ［秦］李斯

 **"字斟句酌"查注释**

①秦王：即秦始皇嬴政。②由余：春秋时晋国人，逃亡到戎地，戎王命他出使秦国，被秦穆公看中。后来秦穆公设计离间戎王和由余，使之归秦，在他的帮助之下称霸西戎。③百里奚：曾经沦为奴隶，后秦穆公用五张羊皮将他赎出，成为秦国的大夫。④蹇叔：百里奚的朋友，后经百里奚推荐，成了秦国的上大夫。⑤丕豹：晋国人，后被秦穆公任命为秦国的将领。公孙支：字子桑，游于晋，后入秦国成为穆公的谋臣。⑥商鞅：姓公孙，名鞅。曾经辅佐秦孝公变法，使秦国强盛起来。⑦上郡：魏地，郡城在今陕西榆林东南。⑧九夷：指巴蜀和楚国南阳一带的少数民族。⑨鄢（yān）：楚国别都，在今湖北宜城。郢（yǐng）：楚国国都，故址在今湖北江陵北。⑩成皋：亦名虎牢关，即今河南荥阳的虎牢。⑪膏腴（yú）：肥沃。⑫范雎：魏国人，因出使齐国时被诬为私自受赏而获罪，后逃往秦国，受到秦昭王的赏识，成为秦国相国。⑬穰侯：即魏冉，秦昭王母宣太后的弟弟，曾为秦相，专权三十年。⑭华阳：即华阳君，秦昭王母宣太后的弟弟，因宣太后的关系而专权。⑮灵鼍（tuó）：鳄鱼。⑯说：通"悦"。⑰駃（jué）騠（tí）：良马名。⑱傅：附着。珥（ěr）：古时的珠玉耳饰。阿缟：齐国东阿出产的白色丝织品。⑲髀（bì）：大腿。⑳桑间：卫国濮水边上的一个地名。㉑黔首：百姓。㉒赍（jī）：赠送。

 **"古文今解"看译文**

秦国的宗室大臣都对秦王说："各诸侯国来侍奉秦国的人，大都是替他们各自的君主游说和离间秦国的，请把所有的客卿一律驱逐出境。"李斯也在计划要被驱逐的行列里。

李斯于是上书秦王说："臣听说官吏们正在计议要驱逐客卿，臣私下里认为这是错误的。

"从前穆公访求贤才，从西戎争取到由余，从东边的宛得到百里奚，自宋国迎来蹇叔，从晋国招来丕豹、公孙支。这五位贤人都不是秦国人，可是穆公重用他们，因此吞并了二十个国家，于是称霸西戎。孝公施行商鞅的新法，移风易俗，人民生活因此殷实富足，国家也因此富裕强大起来，百姓乐于为国效命，各国诸侯也都亲近或臣服于秦国，后来秦国击败了楚、魏两国的军队，占领了上千里的土地，直到今天还是安定而强盛。惠王采用张仪的连横之计，攻占了三川地区，向西吞并了巴蜀，向北收得了上郡，向南攻取了汉中，兼并了许多蛮夷部族，控制了楚国的鄢、郢两都，向东占据了险要的成皋，割取了大量的肥沃土地，于是拆散了六国的合纵盟约，使他们面向西边侍奉秦国，功业一直延续到现在。昭王得到范雎，免去了穰侯，驱逐了华阳君，加强了秦王室的统治，制服了豪门贵族的势力，逐步吞并了各诸侯国，使秦国完成了统一天下的大业。这四位国君的成就，都是凭借了客卿的功劳。从这些事实来看，客卿有什么对不起秦国的地方呢？假使从前这四位君主拒绝客卿而不予接纳，疏远贤才而不任用，这样就会使秦国无法拥有雄厚富裕的实力，而且也不会有强大的威名。

　　"现在陛下获得了昆山的美玉，拥有了隋侯珠及和氏璧，悬挂着明月宝珠，佩戴着太阿宝剑，骑着纤离的骏马，林立着翠凤羽毛装饰的旗帜，竖起了鼍皮大鼓。这几件宝物没有一样是产自秦国的，但陛下却喜爱它们，这是为什么呢？如果一定要秦国出产的才可以使用，那么夜光之璧就不能装饰在朝堂之上，犀角、象牙制造的器皿就不能成为玩赏之物，郑国、魏国的美女就不会充满您的后宫，骏马就不会养在您的马厩之中，江南的金、锡就不能用来制作器物，西蜀的丹青就不能用来增添色彩。假如用来装饰后宫、充作姬妾、娱乐心意、快活耳目的东西，一定要秦国出产的才可以，那么，镶着宛珠的簪子、嵌着珠玑的耳环、东阿的丝绸衣服、刺绣华美的装饰，就都不能呈献到君王面前；而衣着时尚、妆扮文雅、容貌娇艳、体态美好的赵国美女，也不能侍立在君王身边了。敲瓮击缶、弹筝拍腿，呜呜地唱着歌以娱乐耳目的，才是真正的秦国音乐；而郑国、卫国桑间的新调，韶虞、武象之类的乐曲，都是外地的音乐。现在秦国抛弃敲瓮击缶的音乐而改听郑国、卫国的音乐，舍弃弹筝而采用韶虞之乐，这样做是为什么呢？还不是为了心情愉快，看着舒服罢了。如今用人却不是这个样子。不问是否合宜，不论是非曲直，只要不是秦国人就得离开，凡是外来的客卿就要驱逐出境。这样做，就可知秦国所重视的是美色、音乐、珠宝，而所轻视的却是人才。这实在不是用来统一天下、控制诸侯的方法啊！

"我听说：土地广阔的，粮食就会充足；国家强大的，人口就会众多；装备精良的，士兵就一定勇猛。因此，泰山不舍弃任何土壤，所以能成就它的高大；河海不嫌弃各种支流，所以能成就它的深邃；帝王不拒绝任何臣民，所以能显示出他们的恩德。因此，土地不论东西南北，民众不分本国、外国，四季都丰实美好，鬼神都来降福，这就是五帝三王无敌于天下的原因。现在秦国竟然抛弃人民来帮助敌国，排斥客卿以成就其他诸侯，使得天下的贤才退避而不敢前来西方，停下脚步而不愿再入秦国，这就叫作'借武器给敌人，送粮食给强盗'啊！

"物品虽不是秦国出产的，可是珍贵的很多；人才虽不是在秦国出生的，可是愿意效忠者不少。如今驱逐客卿去帮助敌国，损害民众而增加敌人的实力，对内削弱了自己的国家，对外则和各诸侯结怨，这样下去，希望秦国不发生危机，也是不可能的啊！"

秦王于是废除了逐客令，恢复了李斯的官职。

"赏奇析疑"谈方法

此文开头写客对秦国的贡献，引穆公、孝公、惠王、昭王等朝的史事加以论证。李斯在此处用了对偶的手法，文章整饬有节奏，气势恢宏，不容辩驳。

中间部分又以秦王喜好异地的奇珍异宝切入。而奇珍异宝同人才相似，也是产于外地，秦王对它们很受用，但在用人上却"不问可否，不论曲直"，以奇珍异宝和人才的不同遭遇作对比，直指秦王重珍宝轻人才的荒唐做法。这一部分对比得当，滔滔不绝，绵绵不尽，有排山倒海之势。

文章最后说逐客的害处，那就是"内自虚而外树怨于诸侯"，这是从反面说秦国不可逐客。全文首尾相贯，紧紧围绕"逐客秦国必危"这一主旨而展开。

清代过珙《详订古文评注全集》中说："斯论逐客，起句便见实事，最妙在中间论物不出于秦而秦用之，独人才不出于秦而秦不用。一反一复，略加转换，而意思愈明。其通篇为顺为逆，为连为断，为正为喻，为整为散，无法不备。"

宋玉对楚王问

《楚辞》

"知人论世" 聊背景

本篇记述了楚王与宋玉之间的问答。宋玉通过许多新颖巧妙的比喻解释了自己不被众人接纳的原因在于曲高和寡，一番辩驳由浅入深，渐说渐明，理足气盛。

"抑扬顿挫" 读原文

楚襄王问于宋玉曰："先生其有遗行与？何士民众庶不誉之甚也？"

宋玉对曰："唯，然。有之。愿大王宽其罪，使得毕其辞。

"客有歌于郢中者，其始曰《下里》《巴人》①，国中属而和者数千人②；其为《阳阿》《薤露》③，国中属而和者数百人；其为《阳春》《白雪》④，国中属而和者不过数十人；引商刻羽，杂以流徵，国中属而和者不过数人而已。是其曲弥高，其和弥寡。

"故鸟有凤而鱼有鲲⑤。凤凰上击九千里，绝云霓，负苍天，足乱浮云，翱翔乎杳冥之上；夫藩篱之鷃⑥，岂能与之料天地之高哉！鲲鱼朝发昆仑之墟，暴鬐于碣石⑦，暮宿于孟诸⑧；夫尺泽之鲵⑨，岂能与之量江海之大哉！

"故非独鸟有凤而鱼有鲲也，士亦有之。夫圣人瑰意琦行，超然独处；世俗之民，又安知臣之所为哉？"

"字斟句酌" 查注释

①《下里》《巴人》：楚国的通俗音乐。②属（zhǔ）：接续。③《阳阿》《薤（xiè）露》：楚国比较高雅的音乐。④《阳春》《白雪》：楚国的高雅音乐。⑤鲲（kūn）：传说中的大鱼。⑥鷃（yàn）：一种小鸟。⑦碣石：碣石山，在今河北昌黎北。⑧孟诸：古泽名，在今河南商丘东北。⑨鲵（ní）：一种小鱼。

"古文今解" 看译文

楚襄王问宋玉说："先生大概有不检点的行为吧？不然士人百姓们何以对你如此不满呢？"

宋玉回答说："是的，是这样。有这种事情，希望大王宽恕我的罪过，让我把话说完。

"有位客人在郢都唱歌，起初他唱《下里》《巴人》，城中跟着应和的有数千人；后来唱《阳阿》《薤露》，城中跟着应和的有数百人；等到唱《阳春》《白雪》，城中跟着应和的只有数十人了；最后他引用商声，刻画羽声，再夹杂以流动的徵声相和成调，城中跟着应和的不过几个人而已。这样看来，所唱的曲子越是高妙，能相应和的人也就越少。

　　"所以鸟类中有凤而鱼类中有鲲。凤凰振翅高飞而上九千里之霄汉，凌驾于白云彩虹之上，背负苍天，双足搅乱浮云，翱翔在高邈的太空中；那落在篱笆之上的雀，怎能和它一起去了解天地的高远呢！鲲鱼清晨从昆仑山脚出发，中午在渤海边的碣石山上晒脊背，夜晚就已经栖宿在孟诸的大泽里了；那浅水塘中的小鲵，怎能和它一样测量江海的宽广呢？

　　"所以不只是鸟类中有凤，鱼类中有鲲，士人中也有杰出的英才。圣人有超越常人的思想和行为，超然物外，悠然独处；世俗的人，又怎能理解我的作为呢？"

◎ 听琴图页　[明]仇英

　　全文结构简洁明晰，一问一答，毫无枝蔓。楚襄王的问题来得有点突兀，但宋玉的回答十分巧妙，乃至整篇文章都带着新奇的味道。宋玉先承认自己不被世人理解，之后说世人听音乐，喜好《下里》《巴人》的多，而欣赏《阳阿》《薤露》《阳春》《白雪》的少，原因就在于前者是通俗音乐，后者是高雅音乐，从而得出一个结论：其曲弥高，其和弥寡。此处以高雅音乐暗指自己卓尔不群。接下来，宋玉又以凤凰、鲲鱼自比，暗喻自己卓然独秀，远非池中之物。文末一句"瑰意琦行，超然独处"，既照应了前面两处比喻，又是点睛之笔。

项羽本纪赞

《史记》

此文是司马迁在《史记·项羽本纪》中的一段评论，文中论说了西楚霸王项羽一生的功过成败，表达了作者对一代英豪的惋惜之情。

"抑扬顿挫" 读原文

太史公曰：吾闻之周生曰"舜目盖重瞳子"，又闻项羽亦重瞳子。羽岂其苗裔邪①？何兴之暴也②！夫秦失其政，陈涉首难③，豪杰蜂起，相与并争，不可胜数。然羽非有尺寸，乘势起陇亩之中，三年，遂将五诸侯灭秦，分裂天下而封王侯，政由羽出，号为"霸王"。位虽不终，近古以来未尝有也。及羽背关怀楚，放逐义帝而自立④，怨王侯叛己，难矣。自矜功伐，奋其私智而不师古，谓霸王之业欲以力征经营天下，五

51

年卒亡其国,身死东城,尚不觉寤⑤,而不自责,过矣。乃引"天亡我,非用兵之罪也",岂不谬哉!

"字斟句酌" 查注释

①苗裔:后代子孙。②暴:突然,迅猛。③陈涉:即陈胜。秦末农民起义领袖。④义帝:楚怀王的孙子熊心,项羽的叔父项梁起兵时立他为楚王,项羽灭秦后尊他为义帝。⑤寤:通"悟"。

"古文今解" 看译文

太史公说:我听周生说,"舜的眼睛是双瞳仁",又听说项羽也是双瞳仁。项羽莫非是舜的后代?他的崛起是何其迅猛啊!当秦国统治昏聩无道的时候,陈涉是第一个向秦国发难的,随后天下的豪杰便蜂拥而起,群雄逐鹿,参与争夺天下的人,多得数也数不清。项羽没有一尺一寸的地盘,只是趁势从民间崛起,只三年的时间就率领五国诸侯将秦国灭亡了,他分割天下的土地以分封王侯,一切政令都由他颁布,号称"霸王"。他的霸主地位虽然没有维持多久,但他的功业,也是近古以来未曾有过的了。等到项羽放弃了关中之地,怀恋楚地(而回到楚国故地建都),放逐了义帝而自立为王,这时又埋怨诸侯王公们背叛自己,他的处境,实际上已经是很艰难的了。他自认为功高盖世,战绩卓著,只知道按个人的想法行事而不从前人的经验教训中求取胜败兴亡之道,一心沉醉于霸王之业,而想要凭借武力统治天下,只有五年的时间,终于使国家灭亡了。直到他自己死在东城还不觉悟,不肯反省自责,这当然是错误的!他却说"是天要亡我,并不是我用兵的过错",这岂不是太荒唐了吗!

"赏奇析疑" 谈方法

这段评论虽然简短，却能以有限的文字将项羽的身世、发迹、灭秦及失天下等事迹概括得清晰明了，实属难得。司马迁以项羽跟虞舜的眼睛都是双瞳仁开头，这有两层含义：一是衬托项羽样貌不凡，二是暗寓他血统高贵。司马迁并没有对项羽是否虞舜后裔盖棺定论，只是借此感叹项羽三年间"将五诸侯灭秦"但是却"五年卒亡其国"，这也为后文做了铺垫。文末三句，司马迁以"难矣""过矣""岂不谬哉"三个感叹，既批评了项羽因丧仁德而失天下，也表达了对项羽的扼腕叹息之情。爱之愈深，恨之愈切，文末即抒发了司马迁爱恨交织的复杂心情。

孔子世家赞

《史记》

"知人论世" 聊背景

此文是《史记·孔子世家》的赞语，它通过描写孔子的风范和对后世的影响，表达了作者对孔子的崇敬之情。

"抑扬顿挫" 读原文

太史公曰:《诗》有之:"高山仰止，景行行止①。"虽不能至，然心乡往之②。余读孔氏书，想见其为人。适鲁③，观仲尼庙堂、车服、礼

器，诸生以时习礼其家，余低回留之，不能去云。天下君王至于贤人众矣，当时则荣，没则已焉。孔子布衣，传十余世，学者宗之。自天子王侯，中国言六艺者折中于夫子④，可谓至圣矣！

"字斟句酌" 查注释

①景行：宽广的大道。②乡：通"向"。③适：到。④六艺：即《诗》《书》《礼》《易》《春秋》《乐》。折中：取正，调节，使之适中。夫子：孔子。

"古文今解" 看译文

太史公说:《诗经》中有这样的话："高高的山岳，为人所瞻仰；宽广的大道，人们沿着它前进。"虽然我无法到达那种境界，可是内心却一直向往着。每当我读着孔子的著作，脑子里便推想着他是怎样一个人。我到过鲁国的故地，参观过孔子的庙堂、车驾、衣服和礼器，儒生们现在还是按时在孔子的家庙中演习礼仪，我徘徊流连，久久不能离去。天下的君王乃至贤人可谓是很多了，但他们大都是在世的时候兴盛一时，死后就湮没无闻了。孔子虽然是布衣之士，但他的学说已经流传了十几代，读书人都尊崇他。自天子、王侯起，中国讲说六艺的人都以孔子的学说为标准，孔子真可以说是至高无上的圣人啊！

◎ 孔子

　　文章以"高山仰止,景行行止"起兴,引出对孔子的赞叹。孔子的德行、学识皆是一流,用高山来形容他,是再适合不过了。此文重点写对孔子的崇敬,司马迁以"天下君王"与孔子作比对,说君王当时荣耀死后便湮没无闻了,这里有讥讽之意,与孔子受后世尊崇相对,反衬孔子的崇高地位。此文文情深挚,咏叹摇曳,令人心驰神往。

管晏列传

《史记》

　　这篇文章是齐国丞相管仲和晏婴的合传。管仲和鲍叔牙从小一起长大。后来管仲做了齐国公子纠的谋士,鲍叔牙则辅佐了公子小白。公子小白在王位争夺中杀死了公子纠,登上王位,他就是齐桓公。鲍叔牙把管仲推荐给了齐桓公。最终,管仲辅佐桓公成就了霸业。

　　晏婴也是齐国历史上的一代名相,先后辅佐过灵公、庄公和景公。晏子在位期间,"节俭力行",善于延揽人才,帮助齐国长期树威于诸侯。

　　这篇文章借管仲、晏婴的事迹,揭示了君子重知己这一主旨。

管仲夷吾者①，颍上人也。少时常与鲍叔牙游②，鲍叔知其贤。管仲贫困，常欺鲍叔，鲍叔终善遇之，不以为言。已而鲍叔事齐公子小白③，管仲事公子纠④。及小白立为桓公，公子纠死，管仲囚焉。鲍叔遂进管仲。管仲既用，任政于齐，齐桓公以霸，九合诸侯，一匡天下，管仲之谋也。

管仲曰："吾始困时，尝与鲍叔贾，分财利多自与，鲍叔不以我为贪，知我贫也。吾尝为鲍叔谋事而更穷困，鲍叔不以我为愚，知时有利不利也。吾尝三仕三见逐于君，鲍叔不以我为不肖，知我不遭时也。吾尝三战三走，鲍叔不以我为怯，知我有老母也。公子纠败，召忽死之⑤，吾幽囚受辱，鲍叔不以我为无耻，知我不羞小节而耻功名不显于天下也。生我者父母，知我者鲍子也。"

鲍叔既进管仲，以身下之，子孙世禄于齐，有封邑者十余世，常为名大夫。天下不多管仲之贤而多鲍叔能知人也。

管仲既任政相齐，以区区之齐在海滨，通货积财，富国强兵，与俗同好恶，故其称曰："仓廪实而知礼节，衣食足而知荣辱，上服度则六亲固。""四维不张⑥，国乃灭亡。""下令如流水之源，令顺民心。"故论卑而易行，俗之所欲，因而予之；俗之所否，因而去之。其为政也，善因祸而为福，转败而为功。贵轻重，慎权衡。桓公实怒少姬⑦，南袭蔡，管仲因而伐楚，责包茅不入贡于周室。桓公实北征山戎，而管仲因而令燕修召公之政⑧。于柯之会，桓公欲背曹沫之约⑨，管仲因而信之，诸侯由是归齐。故曰："知与之为取，政之宝也。"

管仲富拟于公室，有三归、反坫⑩，齐人不以为侈。管仲卒，齐国遵其政，常强于诸侯。

后百余年而有晏子焉。

晏平仲婴者，莱之夷维人也⑪。事齐灵公、庄公、景公，以节俭力行重于齐。既相齐，食不重肉，妾不衣帛。其在朝，君语及之，即危言；语不及之，即危行。国有道，即顺命；无道，即衡命。以此三世显名于诸侯。

越石父贤⑫，在缧绁中⑬。晏子出，遭之途，解左骖赎之⑭，载归。弗谢，入闺，久之。越石父请绝。晏子戄然⑮，摄衣冠谢曰："婴虽不仁，免子于厄，何子求绝之速也？"石父曰："不然。吾闻君子诎于不知己而信于知己者⑯。方吾在缧绁中，彼不知我也。夫子既已感寤而赎我，是知己；知己而无礼，固不如在缧绁之中。"晏子于是延入为上客。

晏子为齐相，出，其御之妻从门间而窥其夫。其夫为相御，拥大盖，策驷马，意气扬扬，甚自得也。既而归，其妻请去。夫问其故，妻曰："晏子长不满六尺，身相齐国，名显诸侯。今者妾观其出，志念深矣，常有以自下者。今子长八尺，乃为人仆御，然子之意自以为足，妾是以求去也。"其后，夫自抑损。晏子怪而问之，御以实对。晏子荐以为大夫。

◎ 史记君臣故事图（局部）［明］张宏

太史公曰：吾读管氏《牧民》《山高》《乘马》《轻重》《九府》及《晏子春秋》，详哉其言之也。既见其著书，欲观其行事，故次其传。至其书，世多有之，是以不论，论其轶事。

管仲，世所谓贤臣，然孔子小之。岂以为周道衰微，桓公既贤，而不勉之至王，乃称霸哉？语曰："将顺其美，匡救其恶，故上下能相亲也。"岂管仲之谓乎？

方晏子伏庄公尸哭之，成礼然后去，岂所谓"见义不为，无勇"者邪？至其谏说，犯君之颜，此所谓"进思尽忠，退思补过"者哉？假令晏子而在，余虽为之执鞭，所忻慕焉。

 "字斟句酌" 查注释

①管仲：春秋初期齐国的政治家，辅佐齐桓公成为五霸之一。②鲍叔牙：春秋时齐大夫，以知人著称。③公子小白：即齐桓公。④公子纠：齐襄公之弟。曾与公子小白争夺君位，最后失败。⑤召忽：齐人，与管仲一起辅佐公子纠，公子纠争夺君位失败后，召忽自杀。⑥四维：古代指礼、义、廉、耻四种道德准则。⑦少姬：桓公的夫人。她曾经与桓公戏于船中，因为摇晃船只惊吓到了桓公，桓公生气，打发她暂时回到娘家蔡国。蔡国将少姬改嫁，桓公听闻后大怒，于是起兵伐蔡。⑧召公：又称召康公，曾经辅佐武王灭商，后被封于燕，是燕的始祖。⑨曹沫之约：齐桓公与鲁庄公会盟于柯。其时齐军已大败鲁军，但在会盟上桓公被鲁国武士曹沫以匕首相逼，不得已，只好答应归还已经侵占的鲁国土地。⑩反坫（diàn）：古代设于堂中供祭祀、宴会时放礼器和酒具的土台。按规矩只有诸侯才能有。⑪莱：古国名。夷维：今山东高密。⑫越石父：齐国的贤人。⑬缧（léi）绁（xiè）：拘系犯人的绳索，此指囚禁。⑭骖（cān）：驾车时在两边的马。⑮憱（jué）然：惊异的样子。⑯诎：通"屈"。

 "古文今解" 看译文

管仲名叫夷吾，颍上人。少年的时候，他常和鲍叔牙交游，鲍叔知道管仲贤良。管仲家境贫困，常常占鲍叔的便宜，鲍叔却始终大方厚道地待他，从不提起这类事。后来鲍叔牙去侍奉齐国公子小白，管仲则去

侍奉了齐国的公子纠。等到小白立为齐桓公，公子纠被杀死，管仲则成了阶下囚。鲍叔于是向齐桓公推荐了管仲。管仲得到齐桓公的重用以后，在齐国执政，齐桓公因为他的辅佐而称霸诸侯，曾经九次召集诸侯会盟，匡正天下的秩序，这些都是管仲的谋略啊。

管仲说："我当初贫困的时候，曾经和鲍叔一起经商，分财取利时总是多分给自己，鲍叔却不认为我贪婪，他是知道我家境贫困啊。我曾经为鲍叔出谋划策，反而弄得他更加穷困，鲍叔却不认为我愚蠢，他是知道时机有有利与不利之分啊。我曾经三次入仕，三次都被君王驱逐，鲍叔却不认为我不成器，他是知道我没有赶上好的时机啊。我曾经三次作战，三次都当了逃兵，鲍叔却不认为我是懦夫，他是知道我有年迈的老母啊。公子纠失败以后，召忽为他自杀，我则被囚禁，蒙受耻辱，鲍叔却不认为我没有廉耻之心，他是知道我不会因为没有坚守小的节操而感到羞耻，而是以功名不能显扬天下为耻辱啊。生我的人是父母，懂得我的是鲍叔啊。"

鲍叔既已举荐了管仲，自己甘愿位处管仲之下。他的子孙终生都享有齐国的俸禄、封邑的就有十多代，并且常常是很有名望的大夫。天下人不称赞管仲的贤能，却常常称赞鲍叔能够知人。

管仲既已执政做了齐相，就凭着齐国这个在东海之滨的小小国家，流通货物，积累财富，开始了他的富国强兵之路。他与百姓们同爱好、同憎恶，所以他说："粮仓充实了，老百姓才能懂得礼节；衣食丰足了，老百姓才能懂得荣辱；君王能以身作则地遵守法度，内外亲戚才能团结无异心。""礼、义、廉、耻不能彰明，国家就要灭亡。""颁布政令要像流水的源头，要让它顺应民心。"所以管仲的主张简单而易于推行。百姓所需要的东西，就爽快地给予他们；百姓不需要的东西，就顺应民意而舍弃。管仲为政，最善于把祸害转变为福事，把失败转化为成功。他非常重视事情的轻重缓急，谨慎地权衡各方面的利害得失。齐桓公实际上是怨恨蔡国改嫁了他的夫人少姬，于是南下袭击蔡国，管仲却趁这个机会征讨楚国，责备楚国不向周天子进贡包茅。桓公实际上是想北伐山戎，而管仲趁这个机会要求燕国恢复召公的政令。在柯地的盟会上，桓公想要背弃和曹沫订下的归还所占鲁国土地的盟约，管仲却趁这个机会树立信用而履行它，诸侯因此归服齐国。所以说："认识到给予就是索取，这是治理国政的法宝啊。"

管仲的富有可以和公室相比，有三归高台，有反坫，但齐国人不认为他奢侈。管仲死后，齐国还照旧遵行他的政令，常比其他诸侯都强大。

在管仲去世一百多年后，齐国又有了晏子。

晏平仲，名婴，莱地夷维人。他辅佐过齐灵公、齐庄公、齐景公三朝，凭借节俭朴素和果断干练的办事作风而被齐国人尊崇。他担任了齐国相国之后，吃饭没有两样肉菜，姬妾不穿绸缎。他在朝廷上的时候，齐君只要有话问到他，他就会非常严肃郑重地回答；如果没问他什么，他就严肃认真地履行自己的职责。国君治理有方、为政清明的时候，他就照着国君的命令办事；国君治理无方、为政昏乱的时候，他就衡量国君的命令是否恰当，然后才决定是否去履行。因此他连续三朝都名扬于诸侯。

越石父很贤明，却被囚禁了。晏子外出，在路上遇到他，晏子就解下车子左边的马把他赎了出来，用车子载着他一同回到府里。晏子没有向越石父告辞，就进入了内室，许久不出来。越石父见此情形，便请求绝交。晏子听了十分吃惊，他整理衣冠，出来向越石父道歉说："晏婴虽然不仁德，但毕竟把你从危难中解救了出来，为什么您这么快就要同我绝交呢？"越石父说："你这样说不对，我听说君子在不了解自己的人那里遭受委屈，而被了解自己的人所信任亲近。当我被囚禁的时候，那些人是不了解我的。您既然明白我的为人，把我赎了出来，那就是知己了；既然在知己面前得不到礼遇，那我实在是不如仍旧被绳子捆着的好。"晏子于是请他入相府并把他待为上宾。

晏子做齐国相国的时候，一次出门，车夫的妻子从门缝里偷看丈夫。

她的丈夫正在为相国驾车，坐在大大的伞盖之下，赶着四匹马，意气扬扬，甚是自得。等车夫回来以后，他的妻子要求离开他。丈夫问她缘故，妻子说："晏子身高不足六尺，却身为齐国的相国，名扬于诸侯。今天我看他出门时，思虑深远，还时常露出甘居人下的谦逊表情。如今你身高八尺，只是一个给人家赶车的，但看你流露出的心意却自以为满足，我因此要求离开你。"从此以后，她的丈夫就常常注意自我克制、自我贬损。晏子奇怪车夫的变化，就问他原因，车夫将实情告诉了他，晏子便荐举他做了大夫。

太史公说：我读了管子的《牧民》《山高》《乘马》《轻重》《九府》以及《晏子春秋》等著作，其中的叙述可谓是非常详尽的了。我既已看过他们所著的书，就想知道他们日常是如何行事的，所以编写了他们的传记。至于他们的著作，世上有很多，因此不去论述，只论述他们的轶事。

管仲，是世人所说的贤臣，但是孔子却小看他。难道是因为周王朝已然衰落，齐桓公既然贤能，管仲却不勉励他去谋求王道，而只是帮他成霸主的缘故吗？古语说："顺应君王的美德，匡正君王的过错，君臣上下就能相互亲睦了。"这难道不正是在说管仲吗？

晏子伏在庄公尸体上大哭，尽了君臣之礼后才离开，这难道是古语所说的"见义不为，就是没有勇气"的人吗？至于他平时的劝谏进言，时常冒犯君主的威严，这不正是"在朝廷之上想着竭尽忠心，退朝后想着弥补过失"的人吗？假如晏子现在还活着，虽然为他执鞭赶车，也是我所喜欢和向往的。

"赏奇析疑"谈方法

此文不写管仲、晏婴的霸显之迹，只是将各自的轶事铺写一番。由冷处着笔，这是人弃我取之法。管仲传部分先写管仲与鲍叔牙自小相交，为后来鲍叔牙在桓公面前举荐管仲做铺垫。"鲍叔知其贤"一句与后面齐桓公称霸，皆因"管仲之谋也"遥相呼应。写管仲评价鲍叔的一段，使用了排比句，文字婉转流畅，句式回环往复，把管仲对鲍叔的感激之情表现得淋漓尽致。晏子传只叙解左骖、荐御者的事迹。这两个故事一轻一重，一宾一主，这是详略互见法。此篇没有一处实笔，但脉理深浅历历在目，堪称天然奇妙之作。

报任安书

司马迁

"知人论世"聊背景

　　本篇文章是司马迁回复朋友任安的一封信。在信中，司马迁诉说了受刑以来心中的屈辱与悲愤，回顾了自己从前忠君报国的志向，陈述了李陵事件的始末和自己无辜获罪的过程，说明了自己隐忍苟活的原因，表达了"就极刑而无愠色"，坚持完成《史记》的决心。《报任安书》感情深挚，悲痛沉郁与慷慨激烈相互交织，行文跌宕起伏，如泣如诉，是研究《史记》和司马迁生活、思想的重要文章。

"抑扬顿挫"读原文

　　太史公牛马走司马迁再拜言，少卿足下①：曩者辱赐书②，教以慎于接物，推贤进士为务。意气勤勤恳恳，若望仆不相师③，而用流俗人之言。仆非敢如此也！仆虽罢驽④，亦尝侧闻长者之遗风矣。顾自以为身残处秽，动而见尤，欲益反损，是以独抑郁而谁与语。谚曰："谁为为之？孰令听之？"盖锺子期死⑤，伯牙终身不复鼓琴⑥。何则？士为知己者用，女为说己者容。若仆大质已亏缺矣⑦，虽才怀随、和⑧，行若由、夷⑨，终不可以为荣，适足以见笑而自点耳⑩。书辞宜答，会东从上来，又迫贱事，相见日浅，卒卒无须臾之间⑪得竭志意。今少卿抱不测之罪，涉旬月，迫季冬，仆又薄从上雍，恐卒然不可为讳。是仆终已不得舒愤懑以晓左右，则长逝者魂魄私恨无穷。请略陈固陋。阙然久不报，幸勿为过。

仆闻之：修身者，智之符也；爱施者，仁之端也；取予者，义之表也；耻辱者，勇之决也；立名者，行之极也。士有此五者，然后可以托于世，而列于君子之林矣。故祸莫憯于欲利⑫，悲莫痛于伤心，行莫丑于辱先，诟莫大于宫刑⑬。刑余之人，无所比数，非一世也，所从来远矣。昔卫灵公与雍渠同载，孔子适陈；商鞅因景监见，赵良寒心；同子参乘，袁丝变色：自古而耻之。夫中材之人，事有关于宦竖，莫不伤气，而况于慷慨之士乎？如今朝庭虽乏人，奈何令刀锯之余荐天下之豪俊哉？仆赖先人绪业，得待罪辇毂下，二十余年矣。所以自惟：上之，不能纳忠效信，有奇策材力之誉，自结明主；次之，又不能拾遗补阙，招贤进能，显岩穴之士⑭；外之，不能备行伍，攻城野战，有斩将搴旗之功；下之，不能积日累劳，取尊官厚禄，以为宗族交游光宠。四者无一遂，苟合取容，无所短长之效，可见于此矣。向者，仆亦常厕下大夫之列，陪奉外廷末议，不以此时引纲维，尽思虑；今已亏形为扫除之隶，在阘茸之中⑮，乃欲仰首伸眉，论列是非，不亦轻朝廷、羞当世之士邪？嗟乎！嗟乎！如仆尚何言哉！尚何言哉！

且事本末未易明也。仆少负不羁之材，长无乡曲之誉，主上幸以先人之故，使得奏薄伎⑯，出入周卫之中。仆以为戴盆何以望天，故绝宾客之知，亡室家之业，日夜思竭其不肖之才力，务一心营职，以求亲媚于主上，而事乃有大谬不然者。

　　夫仆与李陵俱居门下⑰，素非能相善也，趋舍异路，未尝衔杯酒、接殷勤之余欢。然仆观其为人，自守奇士，事亲孝，与士信，临财廉，取与义，分别有让，恭俭下人，常思奋不顾身以殉国家之急。其素所蓄积也，仆以为有国士之风。夫人臣出万死不顾一生之计，赴公家之难，

◎ 史记君臣故事图（局部）［明］张宏

斯已奇矣。今举事一不当，而全躯保妻子之臣，随而媒蘖其短^⑱，仆诚私心痛之。且李陵提步卒不满五千，深践戎马之地，足历王庭，垂饵虎口，横挑强胡^⑲，仰亿万之师，与单于连战十有余日，所杀过当，虏救死扶伤不给。旃裘之君长咸震怖^⑳，乃悉征其左右贤王，举引弓之人，一国共攻而围之。转斗千里，矢尽道穷，救兵不至，士卒死伤如积。然陵一呼劳军，士无不起，躬自流涕，沫血饮泣^㉑，更张空弮^㉒，冒白刃，北向争死敌者。

陵未没时，使有来报，汉公卿王侯皆奉觞上寿。后数日，陵败书闻，主上为之食不甘味，听朝不怡，大臣忧惧，不知所出。仆窃不自料其卑贱，见主上惨怆怛悼，诚欲效其款款之愚。以为李陵素与士大夫绝甘分少，能得人之死力，虽古之名将，不能过也。身虽陷败，彼观其意，且欲得其当而报于汉。事已无可奈何，其所摧败，功亦足以暴于天下矣。仆怀欲陈之，而未有路，适会召问，即以此指推言陵之功，欲以广主上之意，塞睚眦之辞^㉓。未能尽明，明主不晓，以为仆沮贰师而为李陵游说^㉔，遂下于理^㉕。拳拳之忠，终不能自列，因为诬上，卒从吏议。家贫，货赂不足以自赎；交游莫救视，左右亲近不为一言。身非木石，独与法吏为伍，深幽囹圄之中，谁可告诉者！此真少卿所亲见，仆行事岂不然乎？李陵既生降，颓其家声，而仆又佴之蚕室^㉖，重为天下观笑。悲夫！悲夫！事未易一二为俗人言也。

仆之先非有剖符、丹书之功，文、史、星、历，近乎卜、祝之间，固主上所戏弄，倡优所畜，流俗之所轻也。假令仆伏法受诛，若九牛亡一毛，与蝼蚁何以异？而世俗又不能与死节者次比，特以为智穷罪极，不能自免，卒就死耳。何也？素所自树立使然也。人固有一死，死或重于泰山，或轻于鸿毛，用之所趣异也。太上不辱先，其次不辱身，其次不辱理色，其次不辱辞令，其次诎体受辱^㉗，其次易服受辱，其次关木索、被箠楚受辱，其次剔毛发^㉘、婴金铁受辱，其次毁肌肤、断肢体受辱，最下腐刑，极矣！传曰："刑不上大夫。"此言士节不可不勉励也。

猛虎在深山，百兽震恐，及在槛阱之中，摇尾而求食，积威约之渐也。故士有画地为牢，势不可入，削木为吏，议不可对，定计于鲜也。今交手足，受木索，暴肌肤，受榜箠，幽于圜墙之中。当此之时，见狱吏则头抢地，视徒隶则心惕息。何者？积威约之势也。及以至是，言不辱者，所谓强颜耳，曷足贵乎？

　　且西伯，伯也，拘于羑里㉙；李斯，相也，具于五刑；淮阴㉚，王也，受械于陈；彭越、张敖㉛，南面称孤，系狱抵罪；绛侯诛诸吕㉜，权倾五伯，囚于请室㉝；魏其，大将也，衣赭衣，关三木；季布为朱家钳奴㉞；灌夫受辱于居室。此人皆身至王侯将相，声闻邻国，及罪至罔加㉟，不能引决自裁，在尘埃之中。古今一体，安在其不辱也？由此言之，勇怯，势也；强弱，形也。审矣，何足怪乎？夫人不能早自裁绳墨之外，以稍陵迟，至于鞭箠之间，乃欲引节，斯不亦远乎？古人所以重施刑于大夫者，殆为此也。夫人情莫不贪生恶死，念父母，顾妻子，至激于义理者不然，乃有所不得已也。今仆不幸，早失父母，无兄弟之亲，独身孤立，少卿视仆于妻子何如哉？且勇者不必死节，怯夫慕义，何处不勉焉？仆虽怯懦欲苟活，亦颇识去就之分矣，何至自沉溺缧绁之辱哉？且夫臧获婢妾犹能引决㊱，况仆之不得已乎？所以隐忍苟活，幽于粪土之中而不辞者，恨私心有所不尽，鄙陋没世而文采不表于后世也。

　　古者富贵而名磨灭，不可胜记，唯倜傥非常之人称焉㊲。盖文王拘而演《周易》；仲尼厄而作《春秋》；屈原放逐，乃赋《离骚》；左丘失明，厥有《国语》；孙子膑脚，兵法修列；不韦迁蜀，世传《吕览》；韩非囚秦，《说难》《孤愤》；《诗》三百篇，大底贤圣发愤之所为作也㊳。此人皆意有所郁结，不得通其道，故述往事，思来者。乃如左丘无目，孙子断足，终不可用，退而论书策以舒其愤，思垂空文以自见。仆窃不逊，近自托于无能之辞，网罗天下放失旧闻，略考其事，综其终始，稽其成败兴坏之纪，上计轩辕，下至于兹，为十表、本纪十二、书八章、世家

三十、列传七十，凡百三十篇。亦欲以究天人之际，通古今之变，成一家之言。草创未就，会遭此祸，惜其不成，是以就极刑而无愠色。仆诚已著此书，藏之名山，传之其人，通邑大都，则仆偿前辱之责㊴，虽万被戮，岂有悔哉！然此可为智者道，难为俗人言也。

且负下未易居，下流多谤议。仆以口语遇遭此祸，重为乡党所戮笑，以污辱先人，亦何面目复上父母之丘墓乎？虽累百世，垢弥甚耳！是以肠一日而九回，居则忽忽若有所亡，出则不知其所往。每念斯耻，汗未尝不发背沾衣也！身直为闺阁之臣，宁得自引深藏岩穴邪？故且从俗浮沉，与时俯仰，以通其狂惑。今少卿乃教以推贤进士，无乃与仆私心刺谬乎㊵？今虽欲自雕琢，曼辞以自饰㊶，无益，于俗不信，适足取辱耳。要之，死日然后是非乃定。书不能悉意，略陈固陋。谨再拜。

"字斟句酌" 查注释

①少卿：任安的字。任安曾经写信给身为中书令的司马迁，要司马迁利用在武帝身边和身居要职的便利条件"举贤进士"。②曩（nǎng）：从前。③望：怨恨。④罢（pí）驽：疲弱无能的劣马。⑤锺子期：春秋时楚国人，能听出伯牙曲中深意。⑥伯牙：春秋时楚国人，善于弹琴。锺子期死后，他毁琴绝弦，谓世上已无知音。⑦大质：身体。⑧随、和：随侯珠与和氏璧。⑨由、夷：许由与伯夷，两个人都是古时品行高洁之士。⑩点：通"玷"。⑪卒：通"猝"。⑫憯（cǎn）：通"惨"。⑬宫刑：古代割除男性生殖器官的一种刑法。⑭岩穴之士：指山林隐逸之士。⑮阘（tà）茸：卑贱之人。⑯薄伎：微薄的才能。⑰李陵：汉朝名将李广的孙子，汉武帝时的将领。⑱媒糵（niè）：酒曲，此处是酿成的意思。⑲横（hèng）挑：勇猛地挑战。⑳旃（zhān）：通"毡"。㉑沫血：血流满面。㉒弮（quān）：弩弓。㉓眦（yá）眦（zì）：发怒时瞪眼睛。㉔沮：毁谤。贰师：指贰师将军李广利。㉕理：即大理寺，掌管刑法。㉖佴（èr）：相次，随后。蚕室：受过宫刑的人怕风，所以要居于温暖密封的房间里，就像养蚕的屋子，故称。㉗诎（qū）：通"屈"。㉘刖：通"剃"。㉙羑（yǒu）里：地名，在今河南汤阴北。㉚淮阴：指韩信。㉛彭越：刘邦的功臣，后被诬

谋反而夷灭三族。张敖：刘邦的功臣张耳的儿子，因谋反罪被捕入狱。㉜绛侯：周勃，刘邦的功臣，曾与陈平共诛诸吕，后因被人诬告，一度下狱。㉝请室：请罪之室。㉞季布：项羽的将领。项羽战败身亡后他卖身为奴，剃发易服以躲避刘邦的追捕。㉟罔：同"网"，法网。㊱臧获：古时对奴婢的贱称。㊲倜（tì）傥（tǎng）：洒脱，不拘束。㊳大底：大抵。㊴责：通"债"。㊵剌（là）谬：违背。㊶曼：美。

"古文今解"看译文

太史公愿为您效犬马之劳的司马迁再拜陈言，少卿足下：先前承蒙您屈尊写信给我，教我待人接物要谨诚持重，担负起向朝廷举荐人才的重任。信中言语恳切，情意诚挚，好像是抱怨我没能遵从您的意见行事，反而听信了世俗之人的话。我是不敢这样的！我虽然才能低劣，为人愚钝，但也还曾听说过德高望重的长者的遗风。只是我认为自己的身体已经残废，处境又如此尴尬可耻，稍有举动就会遭人埋怨责难，想要做些有益的事情，招来的却是损害，因此独自忧愁烦闷，无处向人诉说。谚语中说："为谁去做？让谁来听？"锺子期死了，伯牙终生不再抚琴。为什么呢？因为士人为了解自己的人去效力，女子为喜欢自己的人去打扮。像我这样已然是不完整的人，即使才能像随侯珠、和氏璧那样可贵，品行像许由、伯夷那样高洁，终究不能引以为荣，反而恰好会被别人耻笑而且是自取其辱。您的信我本该及时答复的，但我刚好随从皇帝东巡回来，又为烦琐的事务所逼迫，彼此能相见的日子很少，而我又匆匆忙忙，找不出片刻的时间向您倾吐自己的心怀。如今您遭遇无法推知的罪名，再过一个月就接近十二月了，我随从皇帝去雍地的日期也迫近了，我怕转眼之间您就会遭到不幸。这样我将终究不能够向您抒发满腔的悲愤，使您辞世的灵魂抱有无穷的怨恨。于是我请求向您大略地说说我的鄙陋之见。隔了很长时间没有给您回信，希望您不要见怪。

我听说：善于修身，是智慧的象征；乐于施舍，是仁德的开端；索取与给予得当，是遵守道义的表现；懂得耻辱，是决定一个人是否勇敢的前提；好名声的树立，是品行达到极高标准时自然而然的结果。士人有了这五条之后，就可以在社会上立足，排列在君子的行列之中了。所以，灾祸没有比因为贪图小利而更为悲惨的了，悲痛没有比心灵受到伤害更为痛苦的了，行为没有比使祖先受辱更为丑恶的了，侮辱没有比受官刑更为严重的了。受过官刑的人，地位是不能同任何人相提并论的，这不是一朝一代的事，而是由来已久了。从前卫灵公同宦官雍渠同乘一辆车，孔子感到耻辱，便离开卫国到了陈国；商鞅通过景监见到秦孝公，赵良因而感到寒心；太监赵谈陪坐在汉文帝的车上，袁盎见了脸色骤变：自古以来人们就看不起这种人。就是一般人，遇到了有关宦官的事，没有不感到羞辱的，何况是抱负远大的慷慨之士呢？如今朝廷虽然缺乏人才，又怎么会让残缺不全的人来推荐天下的豪杰俊才呢？我依赖着父亲留下的事业，得以在天子驾下任职，到现在已经有二十多年了。因此自己思量：对待主上，没能竭尽忠信，建立策略卓越、能力突出的声誉，从而得到圣明主上的信任赏识；其次，又不能替主上拾遗补阙，招贤进能，发现有才德的隐士；在外，不能充于军队之中，参加攻城野战，取得斩将拔旗的功绩；对下，不能靠着为官长久、劳苦功高而取得高官厚禄，让宗族和朋友们也跟着沾光得宠。这四项没有一项成功的，我也只能是苟且地上下迎合，以求容于朝廷之中，自己没有任何微小的贡献，您从这里也是看得出来的。过去我也曾跻身于下大夫的行列，侍奉于朝堂之上，发表些微不足道的小议论，我没有利用这个时机伸张国家的法度，为国竭尽智谋；现在身体已残，和那些打扫庭院的太监没什么两样，处于地位卑贱的人中间，竟要抬头扬眉、陈说是非，这不是轻视朝廷、羞辱当世的君子吗？唉！唉！像我这样的人还能说什么呢！还能说什么呢！

况且，事情的前因后果不是容易明了的。我年轻时怀着自认为不可限量的才能，可长大成人以后却不能博得乡里的荐誉，幸赖主上念着我父亲的缘故，才使我能够为朝廷贡献一点儿微薄的才能，出入于宫禁之中。我认为头上戴着盆子怎么能望见天呢，所以我断绝了与宾朋的交往，把产业家务抛在一边，日夜想着竭尽我微薄的才能和力量，用所有的精力来尽忠职守，以求取得主上的亲近与信任，然而事情却与愿望大相违背，并不与我想象的一样。

我和李陵都在朝中任职，平素并没有很深的交情，所走的道路各不相同，不曾在一起饮过酒、互相表示殷勤的情谊。但是，我观察他的为人，是个能自守节操的不俗之士。他侍奉双亲很是孝顺，同朋友交往很讲信用，在钱财面前表现得十分廉洁，索取或给予都是按照理义行事，能分别尊卑长幼并且谦让有礼，恭敬简朴并且平易近人，常常想着要奋不顾身地以死奔赴国难。他这些年养成的为人行事的风格，我认为很符合国家栋梁之材的标准。作为臣子，能够提出万死不顾一生的计策，奔赴国家的危难，这已经是很出众的了。如今他行事一有不当，那些贪生怕死只知保全自己和家庭的大臣们，就跟着诬告夸大他的过失，我私下里对此感到痛心。况且李陵率领的步兵不满五千，却深入胡地，足迹到达了单于居住的地方，在老虎嘴边设下诱饵，毫无畏惧地向强悍的匈奴挑战，面对众多的敌人，与单于的军队连续激战了十几天，所杀的敌人超过自己军队的人数，匈奴救死扶伤都应接不暇。匈奴的君长们都震惊了，于是征调了左右贤王，出动了所有能拉弓射箭的人，以全国的兵力展开进攻，并且包围了李陵的部队。李陵军转战千里，箭射完了，无路可走，而救兵却不见踪影，士兵死伤严重，尸体堆积如山。但是李陵一声号召，疲劳的士兵无不奋起，每个人都激动得涕泪横流，他们擦掉血迹，咽下眼泪，又拉开没有箭的空弓弩，冒着敌人的白刃奔向北方，去和敌人拼命。

李陵的军队没有覆没的时候，有使者送来捷报，朝廷上的公卿王侯都举着酒杯向主上祝贺。过了几天，李陵兵败的奏报传来，主上为此吃饭没有滋味，处理朝政时不悦之情挂在脸上，大臣们都担忧害怕，不知如何是好。我不自量地位的卑贱，看到主上悲痛忧伤，情绪低落，实在想献上自己诚恳的愚昧之见。我认为李陵平日里对部下恩遇有加，分利时总是照顾其他人，因而得到部下的拼死效力，即使是古代的名将也不能超过他。李陵虽然战败被俘，但观察他的心意，是想寻找适当的机会立功以报效汉朝。战事（发展到那种地步）已经是无可奈何了，但是李陵给敌人造成的损害，其功劳也足以向天下告白了。我想把这些向主上陈说，却没有机会，适逢主上召见询问我，我就本着这个意思，着重论说了李陵的功绩，想要以此来宽解主上的心事，堵塞那些对李陵诋毁诬陷的言辞。我没能把想说的明白完全地表达出来，圣明的主上也没有完全理解我的心意，以为我诋毁贰师将军李广利而替李陵开脱，于是就把我交给大理寺问罪。我的拳拳忠心始终没有得到表白的机会，因而被定了诬上的罪名，最后主上听从了法吏的意见。我因为家境贫寒，钱财不足以赎罪；朋友们也没有前来营救探望的，主上身边的左右亲近也不替我说一句话。人身不是木石，我却独自和那些掌管刑法的官吏们打交道，深陷于牢狱之中，又能向谁去诉说呢！这些是你亲眼见到的，我的遭遇难道不是这样吗？李陵已经活着投降了，败坏了他家族的声誉，而我又被关在蚕室中蒙受耻辱，更加被天下人耻笑。可悲呀！可悲呀！这些事情是不容易对世俗之人说清楚的。

　　我的祖先，没有立下拜爵封侯的功勋，只是掌管文献、历史、天文和历法，职位接近卜官和巫祝，这种职务本是为了君主游戏取乐而设的，像乐师优伶那样被豢养，为世人所看轻。即使是让我伏法受诛，也如同九牛失去一毛一样，这与死去一只蝼蛄、蚂蚁有什么分别吗？而世俗的人又不能把我同坚持气节而死的人相提并论，只认为我是因为智尽才竭、罪恶极大，不能自己解脱，终于走上死路而已。这是什么缘故呢？这是平日自己所从事的职业和所处的地位造成的。人总有一死，有的人死得比泰山还重，有的人死得比鸿毛还轻，这是因为他们死的志向各不相同。作为一个士人，最好是不使祖先受辱，其次是不使自身受辱，其次是不使自己因别人的脸色而受辱，其次是不在言语辞令上受辱，其次是被捆绑而受辱，其次是换上犯人的狱服进监牢受辱，其次是戴刑具、被杖打而受辱，其次是剃毛发、颈戴铁圈而受辱，其次是毁坏肌肤、截断肢体而受辱，最下等的是腐刑，已经是污辱到了极点！古书上说："刑罚不用在大夫身上。"这是说士人的节操不可不加以勉励。猛虎在深山里，足以使百兽惊恐，一旦落进陷坑或笼子里，便摇着尾巴乞讨食物，这是由于人的威力和约束使它逐渐驯服。所以，士人有画地为牢而决不进入，削木为吏而绝不同它对答的说法，决计在受辱之前便自杀。如今捆绑了手脚，戴上了枷锁，袒露着身体，遭受着杖打，被幽禁在牢狱之中。当这时候，见到狱吏就趴在地上磕头，看见狱卒就胆战心惊。这是为什么呢？这就是被狱吏的威势逼迫而逐渐造成的状态。已经到了这种地步，却说自己没有受辱，就是常说的厚脸皮了，有什么值得尊重的呢？

况且，西伯是一方诸侯之长，曾被拘禁在羑里；李斯是丞相，受尽了五刑；淮阴侯韩信本是王，然而在陈地戴上了枷锁；彭越、张敖都是面南背北、称孤道寡的王侯，却被捕入狱抵罪；绛侯周勃，曾诛杀诸吕，权势超过春秋五霸，却被囚禁在请罪之室中；魏其侯窦婴是大将军，却穿上囚衣，戴上木枷、手铐和脚镣；季布卖身给朱家做戴枷的奴隶；灌夫在居室之中受辱。这些人都是身至王侯将相，声闻邻国，及至获罪落入法网，却不能自杀，而被囚禁在肮脏的监牢之中。这情景古今都一样，哪里有不受屈辱的呢？由此说来，勇敢怯懦，是由地位和权力决定的；坚强软弱，是由形势决定的。明白了这个道理，还有什么值得奇怪的呢？人不能早早自杀来逃脱法律的制裁，因而志气逐渐衰退，到了身受鞭杖的时候，才想为守气节而死，这不也太迟了吗？古人对大夫施刑很慎重的原因，大概在于此吧。人的常情，没有不贪生怕死、顾念父母妻子儿女的，至于为公正义理所激发的人就不是这样，他们是有不得已之处。我很不幸，很早就失去了父母，没有可以相亲相爱的兄弟，一个人孤孤单单地活在这人世上，少卿你看我对妻子儿女怎么样呢？况且勇敢的人不是一定要为守节而死，怯懦的人如果仰慕节义，哪里不能够勉励自己呢？我虽然怯懦，想要苟且活在这世上，但也很懂得取舍去就的道理，何至于甘心陷入囚禁而受侮辱呢？况且奴隶婢妾还能够自杀，何况我已经到了不得已的地步呢？我之所以忍辱苟活，被囚禁在污秽的环境里而不肯死去的原因，是因为我怨恨心中想做的事尚未完成，如果就这样极不光彩地死去，我的文章著述便不能彰明于后世了。

古时候生前富贵而死后声名磨灭不传的人，多得数不胜数，唯有那些洒脱出众的人才能为后世所称道。周文王被拘禁在羑里时推演出了《周易》；孔子受到困厄而编写了《春秋》；屈原遭到放逐，于是写出了《离骚》；左丘明双目失明，却写出了《国语》；孙膑被剜去膝盖骨后，而编著兵法；吕不韦谪居蜀地，《吕览》却为世所流传；韩非在秦国被捕下狱，在狱中写出了《说难》《孤愤》两篇;《诗经》三百篇，大都是贤圣之人为抒发内心的愤懑而作出来的。这些人都是心中有郁结之处，抱负难展，壮志难酬，所以才追述往事，想让后人得到借鉴。就像左丘明双目失明，孙子双腿被废，终生都不能得到重用，于是退隐著书立说以此抒发内心的愤懑，期望文章能流传后世，使自己的心意得以表白。我不自量力，近年来正凭借拙劣的文辞，网罗天下散失的旧闻轶事，从总体大略考证其事实，将事情的始末因果连贯起来，考察其成败兴衰的规律，上从黄帝开始，下至于今，写成表十篇、本纪十二篇、书八篇、世家三十篇、列传七十篇，共一百三十篇。也是想用来探究自然和人事之间的关系，通晓从古到今的变化，形成一家独立的见解。草创未完，恰逢这起灾祸。我痛惜全书没有完成，因此身受最重的刑罚而没有怨气。如果我真的完成了这部书，将它藏在名山之中，留给可传的人，传播在交通发达的大都邑，那么我就可以抵偿此前受的耻辱，即使被杀一万次，又有什么可后悔的呢！然而这些只可以向有智慧的人去说，很难对一般人讲。

而且背负着因罪受刑的坏名声在社会上不容易安身，身处下位又常受到诽谤、讥议。我因为说话而遭到这场灾祸，就更被乡里同人耻笑，使祖先遭受了玷污耻辱，我又有什么脸面再到父母的坟墓上去呢？即使过了百代，这耻辱也只会越来越深！因此，痛苦之情整天在肚肠之中百转千回，在家里的时候常常是恍恍惚惚，若有所失，出门常常不知要到何处去。每当想着这件耻辱的事情，汗便从后背上冒了出来，湿透了衣服。身体已成了宦官，岂能就此自我退隐到山林岩穴当中呢？所以暂且与世浮沉，与时仰俯，为的是在文章中抒发内心的悲愤和矛盾。如今少卿教我推贤进士，不是和我个人的想法相违背吗？现在即使我想用推贤进士的行动来雕饰自己，用美好的言辞来装饰自己，也是毫无补益，是不会取得世俗信任的，反而只会更加换来耻辱而已。总而言之，人死了之后是非才有定论。这封信不能详尽地表达我的心意，只是大略地陈说我粗浅鄙陋的意见罢了。再次恭敬地向您致意。

"赏奇析疑" 谈方法

本文首尾相续，叙事明白，数千言一气贯注。文章时而慷慨悲壮，时而忧愁哀婉，回环往复，纵横捭阖，郁勃之气横空而出，沉痛之语句句出自肺腑。使观者动容，闻者落泪！

卷六

武帝求茂材异等诏

《汉书》

"知人论世" 聊背景

　　汉武帝刘彻是杰出的政治家、战略家、文学家。他在位的时期，是西汉最为强盛的一个阶段。他雄才大略，文治武功在汉帝中出类拔萃，而且十分爱才。本文就是汉武帝为延揽人才而下的诏令。武帝在诏令中要求地方官员察举人才，并说明了选材的标准，即不拘一格、任人唯贤。

"抑扬顿挫" 读原文

　　盖有非常之功，必待非常之人。故马或奔踶而致千里①，士或有负俗之累而立功名②。夫泛驾之马③，跅弛之士④，亦在御之而已。其令州郡察吏民有茂材异等可为将相及使绝国者⑤。

"字斟句酌" 查注释

①踶（dì）：踢，踏。②负俗之累：为世人所讥笑的过失。③泛（fěng）驾：狂奔乱跑不走正路的马。④跅（tuò）弛：放荡。⑤绝国：遥远的国家。

"古文今解" 看译文

若要建立不平凡的功业，就必须依靠不平凡的人才。所以马有狂奔乱踢，却能行千里路的，士人有为世俗所讥议，却能建立功名的。这些狂奔乱跑不走正路的骏马，行为放荡不守礼法的士人，也只在于如何驾驭他们罢了。我命令各州郡考察官吏和百姓中有优秀才能、超群出众，可以担任将相及充任出使远方国家的人才。

"赏奇析疑" 谈方法

本篇首句说"盖有非常之功，必待非常之人，故马或奔踶而致千里，士或有负俗之累而立功名"，这是以虚笔起势，衬托出了汉武帝的壮志雄心，以便为下文做铺垫。下句中的"亦在御之而已"一句，将武帝这种睥睨当世的气魄展露无遗。本文虽然简短，却处处藏有锋芒，气势雄奇不凡。

过秦论上

贾　谊

 "知人论世" 聊背景

　　汉人很注重总结秦亡的教训，这是因为他们所处的时代距离秦亡不远，而且也可以为汉朝统治者及后世提供借鉴，贾谊的《过秦论》就是这方面的佳作。

　　《过秦论》肯定了秦孝公支持商鞅变法所起的重要作用，文章的主旨在于"过秦"，也就是谴责秦朝的过失。在贾谊看来，秦孝公吞并六国时，处于攻势，依靠权势和暴力取得了天下。统一天下后，就该施行仁政，注重教化，这样才能够避免灭亡。

"抑扬顿挫" 读原文

　　秦孝公据崤、函之固①，拥雍州之地，君臣固守，以窥周室。有席卷天下、包举宇内、囊括四海之意，并吞八荒之心。当是时也，商君佐之，内立法度，务耕织，修守战之具；外连衡而斗诸侯②。于是秦人拱手而取西河之外。

　　孝公既没，惠文、武、昭蒙故业，因遗策，南取汉中，西举巴蜀，东割膏腴之地，收要害之郡。诸侯恐惧，会盟而谋弱秦，不爱珍器、重宝、肥饶之地，以致天下之士，合从缔交③，相与为一。当此之时，齐有孟尝，赵有平原，楚有春申，魏有信陵。此四君者，皆明智而忠信，宽厚而爱人，尊贤而重士，约从离横，兼韩、魏、燕、赵、宋、卫、中山之众。于是六国之士，有宁越、徐尚、苏秦、杜赫之属为之谋，齐明、

古文观止这样读

周最、陈轸、召滑、楼缓、翟景、苏厉、乐毅之徒通其意，吴起、孙膑、带佗、兒良、王廖、田忌、廉颇、赵奢之伦制其兵。尝以什倍之地，百万之众，叩关而攻秦。秦人开关而延敌，九国之师遁逃而不敢进。秦无亡矢遗镞之费，而天下诸侯已困矣。于是从散约解，争割地而赂秦。秦有余力而制其弊，追亡逐北，伏尸百万，流血漂橹。因利乘便，宰割天下，分裂河山。强国请服，弱国入朝。

施及孝文王、庄襄王，享国之日浅，国家无事。

及至始皇，奋六世之余烈，振长策而御宇内，吞二周而亡诸侯，履至尊而制六合，执敲扑以鞭笞天下④，威振四海。南取百越之地，以为桂林、象郡，百越之君俛首系颈，委命下吏。乃使蒙恬北筑长城而守藩篱，却匈奴七百余里，胡人不敢南下而牧马，士不敢弯弓而报怨。于是废先王之道，燔百家之言，以愚黔首⑤；隳名城⑥，杀豪俊，收天下之兵聚之咸阳，销锋镝⑦，铸以为金人十二，以弱天下之民。然后践华为城，因河为池，据亿丈之城，临不测之溪以为固。良将劲弩，守要害之处；信臣精卒，陈利兵而谁何？天下已定，始皇之心，自以为关中之固，金城千里，子孙帝王万世之业也。

始皇既没，余威震于殊俗。然而陈涉，瓮牖绳枢之子⑧，氓隶之人⑨，而迁徙之徒也。材能不及中庸，非有仲尼、墨翟之贤，陶朱、猗顿之富，蹑足行伍之间，俛起阡陌之中⑩，率罢弊之卒，将数百之众，转而攻秦。斩木为兵，揭竿为旗，天下云集而响应，赢粮而景从⑪，山东豪俊遂并起而亡秦族矣。

且夫天下非小弱也，雍州之地，殽、函之固，自若也；陈涉之位，不尊于齐、楚、燕、赵、韩、魏、宋、卫、中山之君也；锄耰、棘矜⑫，不铦于钩、戟、长铩也⑬；谪戍之众，非抗于九国之师也；深谋远虑，行军用兵之道，非及曩时之士也。然而成败异变，功业相反。试使山东之国与陈涉度长絜大⑭，比权量力，则不可同年而语矣。然秦以区区之地，致万乘之权，招八州而朝同列，百有余年矣。然后以六合为家，殽、

78

函为宫。一夫作难而七庙隳⑮，身死人手，为天下笑者，何也？仁义不施，而攻守之势异也。

"字斟句酌" 查注释

①殽（xiáo）：崤山。函：函谷关。②连衡：亦作"连横"。③合从：即合纵。④敲朴：棍子。⑤黔首：百姓。⑥隳（huī）：毁坏。⑦镞：箭头。⑧瓮牖（yǒu）：以破瓮作为窗户，形容生活贫穷。⑨氓（méng）隶：充当隶役的平民。⑩俛（miǎn）：通"勉"，尽力。⑪赢：担。景：通"影"。⑫櫌（yōu）：平整土地所用的一种农具。棘矜：枣木棍。⑬铦（xiān）：锋利。铩（shā）：长刃矛。⑭絜（xié）：比较。⑮七庙：天子的宗庙。古代制度规定天子的宗庙要供奉七代的祖先。

"古文今解" 看译文

秦孝公凭着崤山和函谷关的险固，拥有雍州肥沃的土地，君臣上下固守，伺机篡夺周王朝的政权。他们怀有席卷天下、征服各国、统一四海的志向，并吞八方的野心。在这个时候，商鞅开始辅佐孝公，他对内建立法律制度，发展农业和纺织，整修攻守的装备；对外实行连横政策，使诸侯们自相争斗。于是，秦国人不费任何劳苦便取得了西河以外的土地。

秦孝公死后，惠文王、武王、昭襄王都是继承上一代留下的基业，遵照前人的策略，秦国因而向南取得了汉中，向西攻占了巴蜀，在东边割取了肥沃的土地，接收了重要的州郡。诸侯们都感到恐惧，于是会盟共谋削弱秦国之计，不惜用珍奇的器物、贵重的财宝和肥沃的土地来招纳天下贤才，缔结合纵的盟约，结为一体，联合抗秦。在这个时候，齐国有孟尝君，赵国有平原君，楚国有春申君，魏国有信陵君。这四个人，都是明智忠信、宽厚爱人、礼贤下士的君子，他们约定合纵以拆散连横，联合了韩、魏、燕、赵、宋、卫、中山等国的抗秦力量。于是六国的士人当中，有宁越、徐尚、苏秦、杜赫这些人帮着出谋划策，有齐明、周最、陈轸、召滑、楼缓、翟景、苏厉、乐毅这些人来沟通各国的意见，有吴起、孙膑、带佗、兒良、王廖、田忌、廉颇、赵奢一批人来统率各国的军队。他们曾以十倍于秦国的土地、上百万的兵力，直抵函谷关攻打秦国。秦国的军队开关迎战，九国的军队都疑惧退缩，争相逃亡而不敢前进。秦国没有耗费一支箭、一个箭头，天下的诸侯就已经疲惫了。于是合纵的盟约解散了，各国争相割让土地以贿赂秦国。秦国因而有余力利用诸侯的疲惫去制服他们，追逐那些逃亡败北的军队，横在地上的尸首多到上百万，流的血可以漂起盾牌。秦国趁着有利的时机，宰割天下诸侯，分裂诸侯的土地，于是强国请求归服，弱国前来朝拜。

王位传到孝文王、庄襄王，他们在位的日子短，国家没什么大事。

秦始皇即位以后，光大了六代祖先遗留下来的辉煌功业，挥动长鞭来驾驭天下，吞并了东西二周，灭亡了各国诸侯，登上了至高无上的皇帝宝座，控制了上下四方，拿着棍棒奴役天下人民，威震四海。他又在南方占领了百越的土地，改设为桂林、象郡，百越的君主低着头，脖子上系着绳子，把生命交给秦朝的小官吏处置。他还派蒙恬到北方修筑长城，固守边境，将匈奴击退到七百多里之外，胡人不敢南下放牧，他们的士卒也不敢张开弓箭前来报仇。于是他废除了先王的治国之道，烧毁了诸子百家的书籍，为的是愚昧百姓；他拆毁了著名的城池，大肆杀戮天下的英雄豪杰，搜集天下的兵器而聚之于咸阳，并销熔了这些刀箭，铸成十二个金人，想以此来削弱天下百姓的力量。然后将华山作为城墙，将黄河作为护城河，据守亿丈之高的城垣，下临深不可测的河水，自以为很坚固了。又有优秀的将帅、强劲的弓弩防守在险要的地方；亲信的臣子、精锐的士卒拿着锐利的武器，又有谁敢怎样呢？天下已经平定，秦始皇的心中，自以为关中的险固，真像千里的钢铁之城，可以作为子孙万代做皇帝的基业了。

秦始皇死后，他的余威仍然震动着与秦国风俗不同的边远地区。然而陈涉这个用破瓮做窗洞、用绳子拴门户的穷苦子弟，一个替人种田的仆役，又是个被发配充军的人，他的才智比不上一般人，没有孔子、墨子那样的贤能，没有陶朱公、猗顿那样的财富，只是夹杂在戍卒的队伍里面，奋起于村野百姓之间，率领着疲惫散乱的士卒，指挥几百人组成的军队，反过来攻打秦朝。他们砍伐树木作为武器，举起竹竿作为大旗，却得到天下人民如云般地聚集响应，老百姓自己带着粮食，如影子一样地跟从着他，山东的豪杰俊士于是蜂拥而起，开始灭亡秦族了。

再说秦国的天下并非是又小又弱的，雍州的土地，崤山、函谷关那样的险固，还是和从前一样；陈涉的地位，比不上从前齐、楚、燕、赵、韩、魏、宋、卫、中山各国君主的尊贵；锄头、耰、枣木棍，比不上长钩、长戟、长矛等兵器的锐利；被发配去边境服役的一帮人，也不能和九国的正规军队相提并论；深谋远虑、行军用兵的战略战术，也赶不上从前诸侯的谋士们，然而成功与失败却截然不同，功业上的建树也恰恰相反。假使让从前崤山以东的诸侯跟陈涉比较粗细短长、权势力量，那简直是不能相提并论的。但是当年秦国以它那一点点地方，发展到成为拥有万乘兵车的大国，取得了八州的土地，使原来和秦国地位相等的诸侯前来朝拜，也有一百多年了。此后才把天下合为一家，把崤山、函谷关当作宫室。结果一个人起来发难，却使得宗庙都被毁掉了，成为天下人的笑柄，这是什么原因呢？这就是因为不能施行仁义，所以攻守的势态也就迥异了。

"赏奇析疑"谈方法

本文整体上采用先扬后抑的写法，前半部分写秦的强盛，到"良将劲弩，守要害之处"句时，秦朝的盛势达到极致。正所谓"盛极必反"，后面部分写秦亡的过程，极言秦朝失天下之易，与前半部分得天下之难形成鲜明对比，给读者以强烈震撼。文末的一句"仁义不施，而攻守之势异也"，既是对全文的概括，又揭示了本文主旨，给人们留下思考的空间，可谓余韵悠长，发人深思。此文笔笔放松，姿态横生，文气雄骏，大波澜中埋伏无数小波澜，千回百折，朝宗于海，有一唱三叹之致。

马援诫兄子严敦书

《后汉书》

"知人论世" 聊背景

西汉军事家马援的侄子马严、马敦喜欢议论他人的短处，而且喜好跟游侠之士交往，还经常批评时政。马援对两位侄子很担心，怕他们沦为浮夸子弟，于是在南征交趾时抽空写了一封家书，寄给两个侄儿。在信中，马援告诫侄儿做人须低调谦虚，不要妄评讥议。这封信语重心长，虽然简短，但字字都寄托着马援对侄儿的关切之情。

"抑扬顿挫" 读原文

援兄子严、敦并喜讥议①，而通轻侠客。援前在交趾②，还书诫之曰：

"吾欲汝曹闻人过失如闻父母之名，耳可得闻，口不可得言也。好议论人长短，妄是非正法，此吾所大恶也，宁死不愿闻子孙有此行也。汝曹知吾恶之甚矣，所以复言者，施衿结缡③，申父母之戒，欲使汝曹不忘之耳。

"龙伯高敦厚周慎④，口无择言，谦约节俭，廉公有威，吾爱之重之，愿汝曹效之。杜季良豪侠好义，忧人之忧，乐人之乐，清浊无所失，父丧致客，数郡毕至。吾爱之重之，不愿汝曹效也。效伯高不得，犹为谨敕之士⑤，所谓'刻鹄不成尚类鹜'者也⑥；效季良不得，陷为天下轻薄子，所谓'画虎不成反类狗'者也。讫今季良尚未可知，郡将下车辄切齿⑦，州郡以为言，吾常为寒心，是以不愿子孙效也。"

"字斟句酌" 查注释

①严：马严，字威卿。敦：马敦，字孺卿。②交趾（zhǐ）：郡名，在今越南北部。③施衿（jīn）结缡（lí）：古代父母送女儿出嫁时，要亲自系佩带，披佩巾。④龙伯高：名述，东汉京兆人。⑤谨敕（chì）：谨慎。⑥鹄（hú）：天鹅。⑦郡将：即郡守。

"古文今解" 看译文

马援的侄儿马严、马敦都喜欢讥笑议论别人，而且好结交些轻浮的侠客，马援以前在交趾的时候，写信回来告诫他们说：

"我希望你们听到别人的过失就像听到父母的名字一样，只能是耳朵听见，不能从口中说出。好议论别人的长短，胡乱评论国家的法度，这是我最厌恶的，我宁愿死也不愿听自己的子孙有这种行为。你们知道我对这种行为最是厌恶了，今天之所以又对你们讲起这些，正好像女儿出嫁时父母亲手给她系上佩带，披上佩巾，重申父母的训诫一样，想教你们终生不忘罢了。

"龙伯高为人敦厚，办事周密谨慎，不说别人的坏话，谦逊节俭，廉洁奉公而有威严。我爱戴他、敬重他，希望你们学习他。杜季良为人豪放，很讲义气，忧别人所忧，乐别人所乐，什么样的人他都不疏远，他在父亲出丧时邀请宾客前来，几郡的人都赶来了。我爱戴他尊重他，却不希望你们学习他。学龙伯高不成，还可以做一个谨慎的人，也就是所谓'刻天鹅不成尚且还像野鸭';学杜季良不成，就会堕落成世上的轻薄子弟，所谓'画虎不成却像狗了'。到今天杜季良前途凶吉还不得而知，郡守一上任便对他切齿痛恨。州郡官员把这事说给我听，我常为他寒心，所以不希望我的子孙学习他。"

"赏奇析疑" 谈方法

书信的内容共分两段。首段告诫侄子不要妄论他人长短，他把听别人长短比作听父母的名字，说明可以听但不可以议论的道理，这是类比的手法。第二段以龙伯高的敦厚谦约及杜季良的"忧人之忧，乐人之乐"，勉励侄子，这既是列举，又是反衬，从中可见马援的良苦用心。

本文有多处运用比喻的修辞手法，如说效法他人时说"刻鹄不成尚类鹜""画虎不成反类狗"，比喻自然生动，情真意挚，极富感染力。

前出师表

诸葛亮

"知人论世" 聊背景

> 诸葛亮是三国时蜀国的丞相，他当政的时候，曾多次主持北伐，以图恢复汉室河山。公元 227 年，诸葛亮在汉中集结军马，准备北伐。临行前，他向后主刘禅上了一份奏章，就是这篇《前出师表》。诸葛亮在文中告诫刘禅要广开言路，近贤臣远小人，以"收复汉室，还于旧都"，表达了自己忠于汉室、心怀天下的情操。

84

"抑扬顿挫"读原文

臣亮言："先帝创业未半而中道崩殂①。今天下三分，益州疲弊，此诚危急存亡之秋也。然侍卫之臣不懈于内，忠志之士忘身于外者，盖追先帝之殊遇，欲报之于陛下也。诚宜开张圣听，以光先帝遗德，恢宏志士之气，不宜妄自菲薄，引喻失义，以塞忠谏之路也。

"宫中府中，俱为一体，陟罚臧否②，不宜异同。若有作奸犯科及为忠善者，宜付有司论其刑赏③，以昭陛下平明之治，不宜偏私，使内外异法也。

"侍中、侍郎郭攸之、费祎、董允等，此皆良实，志虑忠纯，是以先帝简拔以遗陛下。愚以为宫中之事，事无大小，悉以咨之，然后施行，必能裨补阙漏④，有所广益。将军向宠，性行淑均，晓畅军事，试用于昔日，先帝称之曰能，是以众议举宠以为督。愚以为营中之事，事无大小，悉以咨之，必能使行阵和穆，优劣得所也。亲贤臣，远小人，此先汉所以兴隆也；亲小人，远贤臣，此后汉所以倾颓也。先帝在时，每与臣论此事，未尝不叹息痛恨于桓、灵也。侍中、尚书、长史、参军，此悉贞良死节之臣也，愿陛下亲之信之，则汉室之隆，可计日而待也。

"臣本布衣，躬耕于南阳，苟全性命于乱世，不求闻达于诸侯。先帝不以臣卑鄙，猥自枉屈，三顾臣于草庐之中，咨臣以当世之事，由是感激，遂许先帝以驱驰。后值倾覆，受任于败军之际，奉命于危难之间，尔来二十有一年矣。先帝知臣谨慎，故临崩寄臣以大事也。受命以来，夙夜忧叹，恐托付不效，以伤先帝之明，故五月渡泸，深入不毛。今南方已定，兵甲已足，当奖帅三军，北定中原，庶竭驽钝⑤，攘除奸凶，兴复汉室，还于旧都⑥。此臣之所以报先帝而忠陛下之职分也。至于斟酌损益，进尽忠言，则攸之、祎、允之任也。愿陛下托臣以讨贼兴复之效；不效，则治臣之罪，以告先帝之灵。若无兴德之言，则责攸之、祎、允之慢，以彰其咎。陛下亦宜自谋，以咨诹善道⑦，察纳雅言，深追先

帝遗诏，臣不胜受恩感激。今当远离，临表涕泣，不知所云。

 "字斟句酌" 查注释

①先帝：指刘备。殂（cú）：死亡。②陟（zhì）：提拔，晋升。臧（zāng）：赞扬。否（pǐ）：批评。③有司：负责专职的官员。④裨（bì）：补助。⑤庶：但愿。驽（nú）钝：才能低下。⑥旧都：指两汉国都长安和洛阳。⑦咨诹（zōu）：询问。

"古文今解" 看译文

臣诸葛亮上表进言：先帝创建大业未到一半而中途去世，现在天下三分，而益州地区最为困苦疲惫，这实在是关系到国家存亡的危急时刻了。然而朝中侍卫大臣丝毫不放松懈怠，忠诚有志的将士在外舍生忘死，这是因为他们追念先帝对他们有不同一般的恩遇，想要在陛下身上有所报答啊。陛下实在应当广开言路，光大先帝的遗德，使忠臣志士的精神得以振奋，不应该随便看轻自己，常常言语失当，从而堵塞了忠臣进言规劝的道路啊。宫廷中的近臣和丞相府的官员，都是一个整体，奖善罚恶，不应该有所不同。如果有做奸邪之事、触犯法令的人，以及那些尽忠行善的人，应当交付有关部门评判他们应得的惩罚和奖赏，来表明陛下公正严明的治理方针，不应该有所偏袒，使得内廷外府法度不一。

侍中、侍郎郭攸之、费祎、董允等人，都是贤良而且实在的人，他们的志向和思想忠诚纯正，因此先帝把他们选拔出来留给陛下。我认为宫廷里的事务，事不论大小，都应当先向他们咨询，然后施行，那就一定能弥补缺漏，得到广泛的益处。将军向宠，性格和善，办事公正，精通军事，从前试用他的时候，先帝称赞他有才能，因此大家商议举荐他做中部督。我认为军中的事，不论大小，都应该向他咨询，这样一定能使军中将士和睦相处，才能不同的人能够各得其所。亲近贤臣，疏远小

人，这是先汉兴盛的原因；亲近小人，疏远贤臣，这是后汉颓败的原因。先帝在世时，每次和我谈论此事，未尝不对桓、灵二帝表示遗憾、痛恨。侍中、尚书、长史、参军，这些人都是坚贞贤能、能以死殉节的忠臣，希望陛下亲近他们，信任他们，那么汉家的兴盛就可以计日而待了。

　　臣本来是个平民百姓，在南阳亲自耕田种地，只想乱世中苟且保全性命，不希求在诸侯中间显身扬名。先帝不认为我地位低微、学识浅陋，自己降低身份，三次亲自到草庐中来拜访我，向我咨询当今的大事，因此我深为感动，于是答应为先帝奔走效劳。后来遭逢战败，我受任于败军之际，奉命于危难之中，到现在已经二十一年了。先帝知道我做事谨慎小心，所以临终之时把国家大事托付给我。我自从接受了先帝的遗命以来，早晚忧虑叹息，唯恐完不成先帝的托付，因而损害了先帝的英明，所以在五月渡过泸水，深入到草木不生的荒凉地带。现在南方已然平定，武器军备已经充足，应当鼓励并率领三军进兵北方，平定中原；我也会竭尽自己愚钝的才能，铲除邪恶势力，兴复汉室，返还到故都去。这就是我用来报答先帝、效忠陛下所应尽的分内之事啊。至于权衡利弊得失，进献忠言，那就是郭攸之、费祎、董允他们的职责了。希望陛下委托我完成讨伐奸贼、复兴汉室的使命，如果我做不出成效，那就治我的罪，用以上告先帝的英灵。如果没有要您发扬盛德的进言，那就追究郭攸之、费祎、董允等人的怠慢失职，揭露他们的过失。陛下也应当自己谋划，征求治国的好办法，审察采纳正确的意见，深切地追念先帝的遗训，臣就受恩感激不尽了。现在要离开陛下远行了，面对奏表我眼泪落下，不知道说了些什么。

🟫 "赏奇析疑" 谈方法

　　此文开篇便点明蜀汉所处的形势，即"危急存亡之秋也"，这是一句警语，目的在于让后主产生危机感。诸葛亮以忧患开篇，便让后主没了退路，所以下面的"开张圣听"以及举荐贤才等建议，后主就能顺理成章地接纳了。诸葛亮回忆南阳之事，在于表达对先帝刘备的感恩之情，以及辅佐后主成就大业的决心。开头语境险峻，越到后来，越显气势恢宏，结尾处又趋平缓。此篇前后节奏充满变化，皆因诸葛武侯情真意挚之故。精忠之言，看似轻描淡写，而一种诚恳之意，溢于言外。

陈情表

李 密

"知人论世" 聊背景

晋武帝征召蜀汉旧臣李密为太子洗马，李密不愿应召，于是写下这篇表文。文章从自己幼年的不幸遭遇写起，说明自己与祖母相依为命的特殊感情，围绕想要"尽孝"的心意陈述不能应召的苦衷，请求不仕而为祖母养老送终。为了免除晋武帝的猜忌，李密在文中还申明自己不奉诏前往，绝非顾念前朝，而是由于尽孝难以远行。全文叙述委婉，辞意恳切，晋武帝看后很受感动，于是应允了他的请求。

"抑扬顿挫" 读原文

臣密言：臣以险衅①，夙遭闵凶②。生孩六月，慈父见背③。行年四岁，舅夺母志④。祖母刘，愍臣孤弱⑤，躬亲抚养。臣少多疾病，九岁不行，零丁孤苦，至于成立。既无叔伯，终鲜兄弟。门衰祚薄，晚有儿息。外无期功强近之亲，内无应门五尺之童，茕茕孑立[6]，形影相吊。而刘夙婴疾病[7]，常在床蓐[8]。臣侍汤药，未尝废离。

逮奉圣朝，沐浴清化。前太守臣逵，察臣孝廉[9]，后刺史臣荣，举臣秀才。臣以供养无主，辞不赴命。诏书特下，拜臣郎中，寻蒙国恩，除臣洗马[10]。猥以微贱[11]，当侍东宫，非臣陨首所能上报。臣具以表闻，辞不就职。诏书切峻，责臣逋慢；郡县逼迫，催臣上道；州司临门[12]，急于星火。臣欲奉诏奔驰，则以刘病日笃[13]，欲苟顺私情，则告诉不许。臣之进退，实为狼狈。

伏惟圣朝以孝治天下，凡在故老，犹蒙矜育[14]，况臣孤苦，特为尤甚。且臣少事伪朝，历职郎署[15]，本图宦达，不矜名节。今臣亡国贱俘，至微至陋，过蒙拔擢[16]，宠命优渥，岂敢盘桓[17]，有所希冀？但以刘日薄西山，气息奄奄，人命危浅，朝不虑夕。臣无祖母，无以至今日；祖母无臣，无以终余年。母孙二人，更相为命，是以区区不能废远。

臣密今年四十有四，祖母刘今年九十有六，是臣尽节于陛下之日长，报刘之日短也。乌鸟私情，愿乞终养。臣之辛苦，非独蜀之人士及二州牧伯所见明知，皇天后土，实所共鉴。愿陛下矜愍愚诚，听臣微志。庶刘侥幸，卒保余年，臣生当陨首，死当结草[18]。臣不胜犬马怖惧之情，谨拜表以闻。

◎ 历代帝王图（晋武帝司马炎） [唐]阎立本

"字斟句酌" 查注释

①险衅（xìn）：灾难和祸患。②夙（sù）：早。凶：不幸。③见背：去世。④舅夺母志：指李密的舅父强迫其母改嫁。⑤悯（mǐn）：怜悯，哀怜。⑥茕（qióng）茕：形容孤单无依靠。⑦婴：缠绕。⑧蓐：通"褥"，垫子。⑨孝廉：汉代选拔官吏的两种科目。孝，指孝子。廉，指廉洁之士。⑩洗（xiǎn）马：太子的侍从。⑪猥（wěi）：鄙，谦辞。⑫州司：州官。⑬笃（dǔ）：沉重。⑭矜育：怜恤，抚养。⑮郎署：李密曾在蜀汉做过尚书郎。⑯拔擢（zhuó）：提拔。⑰盘桓：徘徊犹豫。⑱死当结草：春秋时晋大夫魏颗没有遵照父亲魏武子的遗嘱将他的宠妾殉葬，而是将其改嫁了出去。后来魏颗与秦将杜回交战，见一老人用草绳将其绊倒，因而捉住了杜回。魏颗夜间梦见老人，老人自称是魏武子宠妾的父亲，特来报恩。

"古文今解" 看译文

臣李密上言：臣因为命运坎坷，幼年便遭到不幸。出生刚六个月，慈父就去世了。长到四岁时，舅父强迫母亲改变了守节的志愿，改嫁他人。祖母刘氏，怜悯臣孤苦弱小，于是亲自抚养臣。臣从小多病，九岁时还不能走路，零丁孤苦，直到长大成人。臣既没有叔伯，也没有兄弟。家门衰微，福分浅薄，到很晚才有儿子。在外没有近支亲戚可以依靠，在内没有家童奴仆可以照看门户，臣孤零零地立身在人世，只有自己的影子作为伴侣。而祖母刘氏早就疾病缠身，常常卧床不起。臣在她旁边端汤送药，从来没有停止、离开过。

到了如今的圣朝，臣受着清明政治教化的熏陶。先是太守逵，察举臣为孝廉；后是刺史荣，推举臣为秀才。臣因为祖母无人供养，因此都推辞而没有受命。陛下特地下达诏书，任命臣为郎中，不久又承蒙国家恩典，授予臣太子洗马的职位。凭臣这样微贱的人，担当侍奉太子的官职，这种恩德不是臣肝脑涂地就能报答的。臣曾将自己的处境上表陈述过，辞谢不去就职。如今诏书又下，急切严厉，责备臣有意回避拖延；

郡县上的官员前来逼迫臣，催臣动身上路；州官来到臣的家里催促，比星火还急。臣想要奉诏赶去赴任，但刘氏的病情一天比一天严重；臣想要苟且迁就私情，但申诉又得不到准许。臣的进退处境，实在是狼狈啊。

臣想到圣明的朝代以孝道治理天下，所有在世的遗老，尚且蒙受怜恤抚养，何况臣的孤苦无依，又尤为特别。而且臣年轻时曾在伪朝任职，做过尚书郎等职位，臣本来就想仕途获得显达，并不在乎什么名节。如今，臣是亡国贱俘，是最卑微最鄙陋的，却蒙受主上的破格提拔，恩惠的任命条件又十分优厚，臣哪里还敢徘徊不前，有非分的要求呢？只因为刘氏已是日薄西山，气息奄奄，生命垂危，朝不保夕。臣没有祖母，就不能活到今日；祖母没有臣，就无法度完余年。我们祖孙二人，相依为命，所以臣小小的心愿只是不废弃对祖母的奉养，不离开她去远方做官。

臣李密今年四十四岁，祖母刘氏九十六岁，这样看来，臣今后为陛下尽忠的日子还很长，而报答刘氏的日子却很短了。我怀着乌鸦反哺的心情，乞求陛下让臣为祖母养老送终。臣辛酸苦楚的身世，不单为蜀地人士和两州长官所看到和了解，着实是皇天后土所共同见证的。希望陛下怜悯臣的一点愚诚，遂了臣的一点微薄心愿，或许刘氏能侥幸平安寿终，臣活着当誓死尽忠，死后变鬼也当结草报德。臣怀着如同犬马对主人一样恐惧的心情，恭恭敬敬地上表奏报陛下。

"赏奇析疑"谈方法

此文满篇都是真情，都是李密自肺腑发出的心声。首段写作者身世悲苦，自小与祖母相依为命，此情可怜；次段写朝廷逼迫自己去京任职，但自己实在有不得已的苦衷，此情可悯；三段写刘氏日薄西山，身为孙子的李密请求尽一份孝心，此情可嘉。言由情出，情自心发，李密至诚至孝的请求，谁又能拒绝呢？

兰亭集序

王羲之

"知人论世"聊背景

东晋穆帝永和九年（353）三月三日，当时的一些名士如王羲之、谢安、孙绰、王献之等人，在浙江会稽的兰亭举行了一次盛大的诗酒聚会。参加这次聚会的共有四十一人，他们在溪水旁饮酒赋诗，后来他们把这些诗歌汇编成集，取名为《兰亭集》。本文是王羲之为《兰亭集》所写的序，他在文中描绘了这次聚会的盛况，同时也表达了对人生无常、生命短促的感慨。

"抑扬顿挫"读原文

永和九年①，岁在癸丑。暮春之初，会于会稽山阴之兰亭②，修禊事也③。群贤毕至，少长咸集。此地有崇山峻岭，茂林修竹，又有清流激湍，映带左右，引以为流觞曲水④，列坐其次，虽无丝竹管弦之盛，一觞一咏，亦足以畅叙幽情。是日也，天朗气清，惠风和畅⑤。仰观宇宙之大，俯察品类之盛，所以游目骋怀，足以极视听之娱，信可乐也。

夫人之相与，俯仰一世，或取诸怀抱，晤言一室之内；或因寄所托，放浪形骸之外。虽取舍万殊，静躁不同，当其欣于所遇，暂得于己，快然自足，曾不知老之将至。及其所之既倦，情随事迁，感慨系之矣。向

之所欣，俯仰之间，已为陈迹，犹不能不以之兴怀，况修短随化，终期于尽！古人云："死生亦大矣。"岂不痛哉？

每览昔人兴感之由，若合一契⑥，未尝不临文嗟悼，不能喻之于怀。固知一死生为虚诞⑦，齐彭殇为妄作⑧。后之视今，亦犹今之视昔，悲夫！故列叙时人，录其所述，虽世殊事异，所以兴怀，其致一也。后之览者，亦将有感于斯文。

"字斟句酌" 查注释

①永和：东晋穆帝年号（345—356）。②会（kuài）稽（jī）：郡名，郡治设在今浙江绍兴。③修禊（xì）：古代春秋两季在水边举行的清除不祥的祭礼。④流觞（shāng）：修禊时的一种活动，是将酒杯放在曲水之上，任其漂流，漂到谁面前谁就要饮酒。曲水：曲折回环的溪水。⑤惠风：和风。⑥契：古人做交易时的凭证，分为两半，双方各持其一。⑦一死生：庄子认为死犹如太阳朝升暮落一样自然，所以生不足喜，死不足哀。⑧彭：彭祖，传说中长寿的人，相传他活了八百岁。殇（shāng）：夭折的人。

"古文今解" 看译文

永和九年是癸丑年，暮春之初，我们在会稽郡山阴县的兰亭集会，举行修禊活动。各路贤者才子都来了，老老少少会聚一堂。这里有崇山峻岭，茂林修竹，又有清澈湍急的溪流辉映环绕在左右，我们就将溪水引来以为曲水流觞，大家依次在曲水旁落座，虽然没有丝竹管弦齐奏的盛大场面，但一边饮酒一边赋诗，也足以畅谈倾吐心中的高雅情怀。这一天，天气晴朗，空气清新，和煦的春风舒缓地吹来。抬起头能看到宇宙的浩浩无垠，俯下身能细察万物的繁荣旺盛，于是放眼观赏，舒展胸怀，这就足以极尽耳目视听的欢娱，真是非常快乐的事情。

　　说起人与人的相处，低头与抬头之间，便已过了一世。有的人把自己的心中之事倾吐出来，与朋友在室内亲切交谈；有的人则把自己的志趣寄托在外物之上，放任自适，快然自得。虽然他们追求的和舍弃的东西千差万别，性格的喜静好动也各不相同，但当遇到让人高兴的事情，暂时地称心如意，就会十分快乐并且感到自足，有时竟忘记了衰老将要到来。等到厌倦了所追求的东西，感情随着事物的变迁而变化，感慨便自然而然地从心中流出，与事情关联在一起。以往所为之快乐欣喜的事物，转眼间都变成了前尘故迹，对此心中还不能不有所感慨和触动，更何况人一生的长短只是顺从于造化，终究要归于结束呢！古人说："死生也是件大事情啊。"这怎么能不让人痛心呢？

　　每当看到前人所以感慨的缘由，和自己的感想竟然像符契一样相合，总难免要在前人的文章面前叹息感伤，心里还不明白为什么会这样。本来就知道把死生视为等同是虚妄的，把长寿的彭祖与夭折的少年看作一样是荒谬的。后人看待今人，也就像今人看待前人一样啊，这真是令人悲伤啊！我因此记下了到会者的姓名，抄录了他们所作的诗篇，虽然时代不同，世事有别，然而引发感慨的缘由大都相同。后世看到这

◎ 兰亭图　[明]仇英

些诗篇的人，也将会有所感慨吧。

"赏奇析疑" 谈方法

　　本篇的写法是借景抒情。"永和九年……信可乐也"一段写兰亭周围的景色以及此次宴会的情形。这段描写疏朗跌宕，就像空蒙的云气驰骋在纸上一般。后两段写自己的感慨，"快然自足，曾不知老之将至"，这是乐极生悲，也是旷达洒脱，寄托了作者对生命意义的关怀。

归去来辞

陶渊明

"知人论世" 聊背景

　　此文写于作者辞去彭泽县令之后。陶渊明生动地描写了弃官归来的喜悦心情，及回家后的生活情趣和感受，表达了自己不愿意违心混迹官场，以及热爱淳朴的农村田园生活的思想感情。

"抑扬顿挫" 读原文

　　归去来兮，田园将芜，胡不归！既自以心为形役，奚惆怅而独悲！悟已往之不谏，知来者之可追，实迷途其未远，觉今是而昨非。舟摇摇以轻飏，风飘飘而吹衣。问征夫以前路①，恨晨光之熹微。乃瞻衡宇②，载欣载奔。僮仆欢迎，稚子候门。三径就荒，松菊犹存。携幼入室，有酒盈樽。引壶觞以自酌，眄庭柯以怡颜③。倚南窗以寄傲，审容膝之易安④。园日涉以成趣，门虽设而常关。策扶老以流憩⑤，时矫首而遐观⑥。云无心以出岫⑦，鸟倦飞而知还。景翳翳以将入⑧，抚孤松而盘桓。

归去来兮，请息交以绝游。世与我而相遗，复驾言兮焉求？悦亲戚之情话，乐琴书以消忧。农人告余以春及，将有事于西畴⑨。或命巾车，或棹孤舟⑩。既窈窕以寻壑⑪，亦崎岖而经丘。木欣欣以向荣，泉涓涓而始流。羡万物之得时，感吾生之行休⑫。

已矣乎！寓形宇内复几时，曷不委心任去留⑬？胡为遑遑欲何之？富贵非吾愿，帝乡不可期。怀良辰以孤往，或植杖而耘耔⑭。登东皋以舒啸⑮，临清流而赋诗。聊乘化以归尽⑯，乐夫天命复奚疑！

"字斟句酌" 查注释

①征夫：行人。②衡宇：横木为门的房屋，形容居所简陋。③眄（miǎn）：斜视。庭柯：庭院中的大树。④容膝：形容地方狭小，只能容下自己的膝盖。⑤策：拄。扶老：指拐杖。流：周游。憩：休息。⑥矫首：举首，抬头。⑦岫（xiù）：山峰。⑧翳（yì）翳：昏暗的样子。⑨事：农事。畴（chóu）：田地。⑩棹（zhào）：船桨。⑪窈（yǎo）窕（tiǎo）：幽深曲折的样子。⑫行休：行将结束。⑬委心：随心。⑭耘耔（zǐ）：翻土除草。⑮皋：高地。⑯乘化：顺应万物变化的规律。归尽：死亡。

"古文今解" 看译文

回去了啊！田园将要荒芜，为什么还不回去？既然是自己使心灵为形体所奴役，为什么还要惆怅和独自悲伤呢！醒悟了过去的事情再也不能挽回，也知道未来还可以追求；走入迷途还不算太远，觉察到今天的正确和昨天的错误。船儿摇荡着轻快地向前行驶，清风阵阵袭来，吹动着我的衣襟。我向行人询问前面的路程，只恨晨光微弱什么也看不清楚。

继而看到了我简陋的房舍，于是满怀喜悦地向前飞奔。家僮仆人欢欢喜喜地出来迎接，孩子们则守候在家门。园中的小路快要被荒草掩盖，松树和菊花依然如往日一样的生存。我拉着孩子们进入屋内，屋里摆着盛满酒浆的酒樽。我拿起酒壶酒樽自斟自饮，看着庭院里的树木，脸上露出了会心的笑颜。靠着南窗寄托傲岸的情怀，我深知这个狭窄的小屋才能让我感到舒适而安稳。平日里在园中漫步成了我的乐趣，虽然设有园门却时常关闭。拄着拐杖，累了便自由地休憩，也时不时地抬起头来向远方眺望。白云悠闲自在地飘出了山峦，鸟儿飞累了也知道还巢。黄昏日暮时万物都变得昏暗模糊了起来，我抚摸着孤松而流连徘徊。

　　回去了啊！让我谢绝与那世俗之人的交游。世道既然与我心相违，我还四处奔波寻求些什么？我喜爱亲戚间充满情意的话语，也乐于沉浸在琴与书中排遣忧愁。农人们告诉我春天已然来到人间，将要到西边的田地中去耕种劳作。我有时驾着巾车，有时划着小舟。在幽深曲折中探访山谷，在崎岖艰难中访遍了山丘。树木欣欣向荣地生长，泉水开始涓涓地流淌。我羡慕万物生长正得其时，感叹我的一生行将结束。

　　算了吧！寄身于天地之间还能有多少时日，为什么不顺着心意来决定去留？为什么还这样心神不定地想要追求些什么？富贵荣华既然不是我心所愿，神仙世界也是无处寻求。趁着这大好时光独自闲游，有时也放下手

◎ 陶渊明归隐田园

杖下田除草培苗。登上东边的高岗放声长啸，临着清清的流水悠然赋诗。姑且顺随着自然的变化了此一生吧，乐于听从天命还有什么可怀疑！

 "赏奇析疑" 谈方法

作者将为官的经历总结为"心为形役"，而隐居田园则充满归家的喜悦和满足，以及回归自然的悠闲和乐趣，点出"今是而昨非"的人生感悟。全文一气贯注，纯真自然，音节和谐，意味醇厚。欧阳修曾点评说："晋无文章，惟陶渊明《归去来》一篇而已。"

桃花源记

陶渊明

 **"知人论世" 聊背景**

本文是陶渊明《桃花源诗》的序言。世间到底有没有桃花源这个地方，历来说法不一。不过可以肯定的是，陶渊明借这一人间仙境，表达了自己对美好生活的向往。在这篇游记中，陶渊明虚构了一个没有纷争、人们过着幸福安宁生活的理想世界，这既是一种寄托，又表现了他对当时社会的不满与批判。

 **"抑扬顿挫" 读原文**

晋太元中①，武陵人捕鱼为业②。缘溪行，忘路之远近。忽逢桃花

林，夹岸数百步，中无杂树，芳草鲜美，落英缤纷。渔人甚异之，复前行，欲穷其林。

林尽水源，便得一山。山有小口，仿佛若有光，便舍船从口入。初极狭，才通人。复行数十步，豁然开朗。土地平旷，屋舍俨然③，有良田、美池、桑竹之属，阡陌交通④，鸡犬相闻。其中往来种作，男女衣著，悉如外人。黄发垂髫⑤，并怡然自乐。见渔人，乃大惊，问所从来，具答之。便要还家⑥，设酒杀鸡作食。村中闻有此人，咸来问讯。自云先世避秦时乱，率妻子邑人来此绝境⑦，不复出焉，遂与外人间隔。问今是何世，乃不知有汉，无论魏、晋。此人一一为具言所闻，皆叹惋。余人各复延至其家，皆出酒食。停数日，辞去。此中人语云："不足为外人道也。"

既出，得其船，便扶向路，处处志之。及郡下，诣太守说如此。太守即遣人随其往，寻向所志，遂迷，不复得路。

南阳刘子骥⑧，高尚士也。闻之，欣然规往⑨，未果，寻病终。后遂无问津者。

 **"字斟句酌" 查注释**

① 太元：东晋孝武帝年号（376—396）。② 武陵：郡名，治所在今湖南常德。③ 俨（yǎn）然：形容整齐的样子。④ 阡（qiān）陌：田间的小路。⑤ 黄发垂髫（tiáo）：指老老少少。⑥ 要：通"邀"。⑦ 邑人：同乡的人。⑧ 刘子骥：南阳人，当时的隐士。⑨ 规：计划，打算。

"古文今解" 看译文

晋太元年间，武陵有个人以捕鱼为生。一天，他顺着小溪划船前行，也不知走了多远。忽然遇到一片桃花林。沿着溪流两岸延伸了几百步，桃花林中没有别的树，桃树下芳草茵茵，鲜嫩美丽，桃花的花瓣飘落，洋洋洒洒。渔人感到非常诧异，又往前走，想走到这林子的尽头。

桃花林尽处正是这溪水的源头。到了那里就看到一座山，山上有个小洞口，仿佛有些光亮透了出来，渔人便舍了船进入了洞口。刚开始的一段十分狭窄，刚刚能通过一个人。又走了几十步，眼前豁然开朗。土地平坦宽广，房舍整整齐齐，有肥沃的田地、美丽的池塘和桑树竹子之类景物，田间的小路交错相通，鸡鸣狗叫的声音在村落间彼此相应。其中的人们来来往往，耕种劳作，男女的衣着装束，完全和外面的人一样。老人和小孩都也个个安适自在，悠然自得。他们看见了渔人，很是吃惊，问他从哪里来，渔人一五一十地回答了他们。于是就有人邀请渔人到自己家里去，备酒杀鸡做饭菜来款待他。村中的人听说来了这样一个人，都跑来问这问那。他们说祖先为了躲避秦时的祸乱，带领妻子儿女及乡邻来到这与人世隔绝的地方，就再没有出去过了，于是就与外面的人断绝了往来。他们问现在是什么朝代，竟然不知道有过汉朝，更不要说魏和晋了。渔人就把自己的见闻详尽讲给他们听，他们听罢都感叹不已。

其余的人又相继邀请渔人到自己家中，都拿出酒饭来招待他。住了几天，渔人便告辞离去了。走的时候那里的人嘱咐他说："不要把这里的情况向外人说呀！"

渔人出来后，找到他的船，就沿着来路回去，一路上处处留下标记。回到郡里，去拜见太守，报告了这些情况。太守立即派人随他前往，寻找前次做的标记，然而竟迷失了方向，再也没

◎ 桃花源

古文观止这样读

找到那条路。

　　南阳刘子骥是个志趣高尚的名士，听到这件事，便兴致勃勃地前往寻访，但是没有找到，不久便病死了。从此以后，就再也没有问路访求桃花源的人了。

"赏奇析疑"谈方法

　　作者借用小说笔法，以捕鱼人的经历为线索，以美好娴静的桃花林做铺垫，引出一个质朴自然的化外世界。接下来，作者借桃源人之口，说明桃源人当初来到这里的缘由：躲避战乱。"乃不知有汉，无论魏、晋"一语，寄托了作者超然世外的幽思。渔人返寻所志、迷不得路，使读者由幻境回到现实。文末南阳刘子骥寻觅不得其踪一笔，又使全文有余意不穷之趣。

五柳先生传

陶渊明

"知人论世"聊背景

　　这篇文章是陶渊明写的一篇具有自传性质的散文。他以史传的笔法，通过对居住环境和生活细节的描写，勾画出一个不慕荣华、不贪功利、怡然自得、安贫乐道的"五柳先生"。文章语言流畅自然，不加修饰，笔法清淡闲远，意境清新，有陶诗自然优美的特质。

"抑扬顿挫" 读原文

　　先生不知何许人也，亦不详其姓字。宅边有五柳树，因以为号焉。闲静少言，不慕荣利。好读书，不求甚解，每有会意，便欣然忘食。性嗜酒，家贫不能常得。亲旧知其如此，或置酒而招之。造饮辄尽，期在必醉；既醉而退，曾不吝情去留。环堵萧然，不蔽风日，短褐穿结①，箪瓢屡空②，晏如也③。尝著文章自娱，颇示己志。忘怀得失，以此自终。

　　赞曰：黔娄有言④："不戚戚于贫贱，不汲汲于富贵⑤。"其言兹若人之俦乎⑥？衔觞赋诗，以乐其志，无怀氏之民欤？葛天氏之民欤⑦？

"字斟句酌" 查注释

　　① 短褐（hè）：粗布短衣。结：打结。② 箪（dān）：古代盛饭的圆形竹器。③ 晏如：安然自得。④ 黔娄：春秋时鲁国高士，他不求仕进，屡次拒绝诸侯邀请。⑤ 汲汲：急于得到，急切的样子。⑥ 俦（chóu）：类。⑦ 无怀氏：与下文中的"葛天氏"同为传说中古代的氏族首领。

"古文今解" 看译文

　　先生不知道是什么地方的人，也不清楚他的姓名和表字。因为他所住的房屋旁边有五棵柳树，就用"五柳先生"作他的号。他性格恬淡宁静，沉默少言，不羡慕荣华利禄。喜欢读书，只求理解其中精华，并不着眼于一字一句的解释，每当对书中意旨有所领会的时候，就高兴得忘记了吃饭。他生性嗜酒，但因为家里穷，不能经常得到。亲戚朋友知道他这种情况，有时就摆了酒叫他来喝。他一来就要喝得尽兴，所期望的是一醉方休；等到喝醉了就告辞回家，从不拘泥于去留。他简陋的居室里只有空空荡荡的四面墙壁，不能遮蔽风雨和阳光；粗布短衣上面打了许多补丁，锅瓢碗盏经常是空的，可是他安之若素。他经常写文章来消遣时光，文章中很能表达出自己的志趣。他忘记了世俗的得失，愿意就这样直到老死。

赞语说：黔娄曾经说过："不为贫贱而忧心忡忡，不为富贵而奔波劳碌。"他说的就是五柳先生这样的一类人吧？一边喝酒一边赋诗，以娱悦自己的心志，他是无怀氏时代的人呢，还是葛天氏时代的人呢？

"赏奇析疑"谈方法

为人作传却隐去传主的家世、生平事迹等一般传记要素，而着重表现他的性格志趣与精神气质，使文章主旨更加突出。文章语言朴素洗练，看似平淡，实则蕴涵深刻。作者在文中多处言"不"，体现出自己与世俗的格格不入，表达了其平淡自然和安贫乐道的境界，以及对其人格的坚持。

本文赞语，用"不戚戚于贫贱，不汲汲于富贵"的话来赞扬五柳先生，两句话非常精炼地概

◎ 五柳先生

括了五柳先生的性格特征。下面"衔觞赋诗"几句，用记述与抒情再补一笔，人物的精神面貌更加突出，像是在画面上真的活动起来。

北山移文

孔稚珪

"知人论世"聊背景

　　南朝时，隐逸之风盛行。有些士人往往借山林隐居来标榜清高，以此作为求取高官厚禄的晋身之阶。其中有一位叫周颙的"名士"，最初隐居北山，后来收到朝廷的诏令，便欣然应召出仕。孔稚珪对他的假清高十分看不起，后来听说周颙进京，途中路过北山，于是假托山神之名写下这篇移文。移文是古代的一种用作声讨、揭露的文体，与檄文相似。本文用拟人化的手法，将周颙隐居时和出仕后的行为作了鲜明的对比，淋漓尽致地揭露了假隐士的虚伪和丑恶，讥讽之意十分明显。

"抑扬顿挫"读原文

　　钟山之英，草堂之灵，驰烟驿路，勒移山庭①。

　　夫以耿介拔俗之标②，潇洒出尘之想，度白雪以方洁③，干青云而直上，吾方知之矣。若其亭亭物表，皎皎霞外，芥千金而不盼，屣万乘其如脱④，闻凤吹于洛浦，值薪歌于延濑⑤，固亦有焉。岂期终始参差，苍黄反复，泪翟子之悲⑥，恸朱公之哭⑦，乍回迹以心染，或先贞而后黩⑧，何其谬哉！呜呼！尚生不存⑨，仲氏既往⑩，山阿寂寥，千载谁赏？

世有周子⑪，俊俗之士，既文既博，亦玄亦史。然而学遁东鲁⑫，习隐南郭⑬，窃吹草堂⑭，滥巾北岳，诱我松桂，欺我云壑。虽假容于江皋，乃缨情于好爵⑮。

其始至也，将欲排巢父，拉许由，傲百氏，蔑王侯，风情张日，霜气横秋。或叹幽人长往，或怨王孙不游。谈空空于释部，核玄玄于道流。务光何足比⑯？涓子不能俦⑰。及其鸣驺入谷⑱，鹤书赴陇⑲，形驰魄散，志变神动。尔乃眉轩席次⑳，袂耸筵上，焚芰制而裂荷衣㉑，抗尘容而走俗状㉒。风云凄其带愤，石泉咽而下怆，望林峦而有失，顾草木而如丧。

◎ 虽情投于魏阙，或假步于山扃

至其纽金章㉓，绾墨绶㉔，跨属城之雄㉕，冠百里之首，张英风于海甸㉖，驰妙誉于浙右。道帙长摈㉗，法筵久埋㉘。敲扑喧嚣犯其虑㉙，牒诉倥偬装其怀㉚。琴歌既断，酒赋无续。常绸缪于结课㉛，每纷纶于折狱㉜。笼张、赵于往图㉝，架卓、鲁于前录㉞。希踪三辅豪㉟，驰声九州牧。使其高霞孤映，明月独举，青松落荫，白云谁侣？磵户摧绝无与归，石径荒凉徒延伫㊱。至于还飙入幕，写雾出楹，蕙帐空兮夜鹤怨，山人去兮晓猿惊。昔闻投簪逸海岸㊲，今见解兰缚尘缨。

于是南岳献嘲，北陇腾笑，列壑争讥，攒峰竦诮。慨游子之我欺，悲无人以赴吊。故其林惭无尽，涧愧不歇，秋桂遣风，春萝罢月，骋西山之逸议，驰东皋之素谒。

今又促装下邑，浪栧上京㊳。虽情投于魏阙，或假步于山扃㊴。岂可使芳杜厚颜，薜荔蒙耻，碧岭再辱，丹崖重滓㊵，尘游躅于蕙路㊶，污渌池以洗耳。宜扃岫幌，掩云关，敛轻雾，藏鸣湍，截来辕于谷口，杜妄辔于郊端。于是丛条瞋胆㊷，叠颖怒魄，或飞柯以折轮㊸，乍低枝而扫迹。请回俗士驾，为君谢逋客㊹。

"字斟句酌" 查注释

①勒：刻。②标：风度。③方：比。④屣（xǐ）：鞋子。万乘：指帝位。⑤延濑（lài）：长长的河流。濑，从沙石上流过的水。⑥翟（dí）子：指墨翟。⑦朱公：指杨朱。《淮南子·说林训》："杨子见歧路而哭之，其可以南，可以北；墨子见练丝而泣之，其可以黄，可以黑。"⑧黩（dú）：污。⑨尚生：东汉隐士，姓尚，名长，字子平。⑩仲氏：东汉政论家，姓仲，名长统，字公理，他也是个不求仕进的人。⑪周子：此处代假隐士。⑫东鲁：指鲁国的隐士颜阖，相传鲁君派使者去聘请他，他却把使者诳开而逃。⑬南郭：指古代隐士南郭子綦。⑭窃吹草堂：这里是用滥竽充数的典故来讽刺假隐士。⑮缨：系。⑯务光：《韩非子·说林上》："汤以伐桀，而恐天下言己为贪也，因乃让天下于务光。而恐务光受之也，乃使人说光曰：'汤杀君，而欲传恶声于子，故让天下于子。'务光因自投于河。"⑰涓子：古代高士。⑱鸣驺（zōu）：指征召假隐士的使者鸣锣开道的队伍。驺，侍从。⑲鹤书：又称鹤头书，字体如鹤头。古代用这种字体写诏书。⑳眉轩：眉飞色舞。轩，高扬。㉑芰（jì）制：菱叶做成的衣裳，与下文的"荷衣"都是指隐士的服装。㉒抗：高举，显现出。㉓金章：铜印。㉔墨绶：黑色的丝带，古代常用来拴在印纽上。㉕属城：一郡所属的各县。㉖英风：美名。㉗道帙（zhì）：道家的书。摈（bìn）：弃置。㉘法筵：讲佛法的座席。㉙敲扑：拷打犯人。㉚牒（dié）：公文。倥（kōng）偬（zǒng）：繁忙紧迫的样子。㉛结课：考核政绩。㉜折狱：断案。㉝张、赵：指汉代的张敞

和赵广汉，两个人都是有名的能吏。往图：与下文的“前录”都指过往的记载。㉞架：通“驾”，超越。卓、鲁：指东汉卓茂和鲁恭，此二人都是有政绩的县令。㉟三辅豪：西汉京畿地方分成京兆尹、左冯翊、右扶风，合称三辅。豪，指记载中治理三辅有成绩的官员。㊱延伫（zhù）：长久站立。㊲投簪（zān）：指辞官归隐。㊳枻（yì）：船桨。㊴山扃（jiōng）：山门。㊵滓：玷污。㊶躅（zhuó）：足迹。㊷瞋（chēn）：发怒。㊸柯：树枝。㊹逋（bū）客：逃客。

“古文今解”看译文

锺山的精英，草堂的神灵，从驿路上腾云驾雾地飞驰而来，把移文刻在山庭。

凭着正直而又脱俗的仪表风度，怀着洒脱豁达、超越于尘世之上的理想，品行的纯洁可以和白雪媲美，高尚的志向更在青云之上，这种人我现在是了解了。像那种卓然挺立于世俗之上，干净明亮地站在云霞之外，把千金看作是草芥，看都不看一眼，把皇位看作是草鞋，随手就能脱掉，在洛水旁静听悦耳的音乐，在长河畔欣赏采薪的山歌的隐士，本来也是有的。哪里想到会有人前后不一，反复无常，真让人为墨子所悲而悲，为杨朱所哭而哭。这些人虽然暂时隐居于山林，而内心却早已被世俗名利所浸染，或者是开始的时候还洁身自好，后来便与世俗同流合污，这是何等的荒唐可笑啊！唉，隐居的尚子平已经不在人世，称病不出的仲长统也永远地离去了，群山寂寥，长久以来，又有谁去欣赏？

当今世上，有位周先生，是个才智超群的人。他既文采四溢，又见识广博；既通晓玄学，又精通历史。可是他却要学东鲁颜阖的遁世，效仿南郭子綦的隐居，冒充避世者在草堂中滥竽充数，戴着隐士巾在北岳假装清高。他迷惑我山中的青松丹桂，欺侮我山中的白云涧壑。虽然是假装寄情于山水，内心却时时牵挂着厚禄高爵。

他刚来的时候，那出世的坚决几乎要推倒巢父，胜过许由；他傲视诸子百家，蔑视将相王侯，气宇风采好像能遮住太阳，神情气概又是胜

似霜秋。时而感叹隐者一去不返，时而抱怨公子王孙不来交游。讲论着佛理中的万物皆空，研究着道家学说中的奥妙玄机。务光怎么能和他相比呢？涓子也不能与他匹敌。然而等到朝廷前来聘他的车马进入山谷，征召的诏书送到北山，他就得意忘形，神魂颠倒，心志散乱。于是在筵席上眉飞袖举，手舞足蹈，烧掉了菱叶裳，撕毁了荷叶衣，表露出庸俗的嘴脸，现出了本来的俗状。风云凄然而满怀怨愤，泉水哽咽而暗自伤悲。远远望去，远处的山林茫然若失；环顾四周，花草树木似乎黯然神伤。

当他佩上金印，系上黑色的绶带，掌管了一个郡中的大县，成为统领一县的县令时，他的英名传扬到了海边，美誉远播于浙江之右。从此道家的典籍被长期抛在一边，谈佛说法的讲台也永久地尘封了起来。拷问审讯的喧嚣干扰着他的思虑，繁杂急迫的公文诉讼塞满了他的胸怀。抚琴歌唱早已中断，饮酒赋诗不再继续。他常常为考核官吏等杂事所束缚，又每每在纷乱不断的审问断案中绞尽脑汁。一心想要超过西汉张敞、赵广汉的功德，超过东汉卓茂、鲁恭的政绩。希望追随三辅贤豪的足迹，让自己的声名在天下官吏中传播。这样，就使北山中的云霞寂寞地掩映在山间，让明月孤独地升起于长夜，青松徒然地洒下清荫，白云又和谁相伴？涧谷石门已然坍塌却不见有人回还，荒芜凄凉的石径只有空空地等待。当狂风吹入草堂的帐幕，云雾喷吐在堂前的柱间，香草帐中却是空空如也，夜间不时传来仙鹤的啼怨，隐居于此的人已经离开，破晓时的猿猴也惊异这千差万别的昨天今日。过去只听说有人弃官而逃往海边隐居，今天却看到有人解下兰佩而系上俗世的冠缨。

于是南山发出嘲讽，北岭响起哄笑，条条沟壑争相讥讽，座座山峰严加指责。既慨叹远行的人欺骗了自己，又悲伤没有人为此前来安慰。因而山中林木羞惭不已，涧底溪水愧悔无及，桂树谢绝了传香的秋风，春萝避开增色的明月，西山宣布隐逸的评论，东皋发出了朴素真挚的见解。

现在周先生又在县里忙于置办行装，催船赶往京城。虽然他钟情于朝廷，但也许还想借此机会重游北山。那么又怎能使杜若厚颜相陪，薜荔蒙受羞耻，碧岭再遭侮辱，丹崖重被玷污，让芳草路上留下尘世的足迹，让清池水因他洗耳而不再清澈。应该拉起山峦的窗帷，紧锁云中的门户，收起轻雾，藏起急流，在谷口挡住他的车子，在郊外堵住他乱闯的马匹。于是簇簇枝条愤怒，繁茂野草扬威，有的扬起枝条去击毁车轮，有的忽然低下枝叶来扫净车迹。请挡回这副俗人的车驾，为北山之神谢绝这个逃跑了的客人。

"赏奇析疑" 谈方法

此文分段较多，但是段与段之间衔接紧密，语意连贯。首段说明此文是为北山神灵而写的。第二段介绍了三种不同类型的隐士：一种是卓尔不群的真隐士，第二种是纵情于山水之间的隐者，第三种是虚情假意、矫揉造作的假隐士。第一、二段都是为下文做铺垫的。第三段承接上文中的第三种"隐士"，引入正题。第四段写了周颙接到圣旨后的丑态。第五段写周颙做官后，已完全没有隐居时的淡然之心，这是从侧面揭露周颙并非真的隐士。第六、七两段照应首段。第六段说山中的神灵因周颙的虚伪而蒙羞和愧疚，末段则写山神拒绝周颙入山。作者虽写山神，却不是一味地去营造虚幻的意境，而是借山神表达对周颙的不齿与轻蔑。

此篇以荒诞的笔法开头，说明写作此文的用意，即为北山神灵作檄声讨周颙。然后，作者以卓尔不群的真隐士、纵情于山水之间的隐者以及虚情假意的假隐士对举，揭露周颙借终南捷径追求名利的真面目。这处描写层层错落，一气呵成。使人读之赏心留盼，无法自已。最后作者再假托北山神灵的口吻，拒绝周颙入山，表达了对周颙的鄙夷之情。此文立意新颖，句多独创，转接递送，固属天成。

谏太宗十思疏

魏　徵

 **"知人论世" 聊背景**

　　本篇是魏徵于贞观十一年（637）所写的一篇奏议，主要是针对唐太宗在其晚年逐渐趋于骄奢享乐的情况而写的。文中提醒唐太宗应当"居安思危，戒奢以俭"，并具体地提出了知足知止、谦虚纳下等十个建议。魏徵直言不讳，但言辞中肯且委婉有度。唐太宗看过后深受触动，据说还亲自写下诏书承认自己的过失。

"抑扬顿挫" 读原文

　　臣闻求木之长者，必固其根本；欲流之远者，必浚其泉源；思国之安者，必积其德义。源不深而望流之远，根不固而求木之长，德不厚而思国之安，臣虽下愚，知其不可，而况于明哲乎！人君当神器之重①，居域中之大②，不念居安思危，戒奢以俭，斯亦伐根以求木茂，塞源而欲流长也。

　　凡昔元首，承天景命③，善始者实繁，克终者盖寡。岂取之易、守之难乎？盖在殷忧④，必竭诚以待下，既得志，则纵情以傲物。竭诚，则胡、越为一体；傲物，则骨肉为行路。虽董之以严刑，振之以威怒，终苟免而不怀仁，貌恭而不心服。怨不在大，可畏惟人。载舟覆舟，所宜深慎。

诚能见可欲，则思知足以自戒；将有作，则思知止以安人；念高危，则思谦冲而自牧⑤；惧满盈，则思江海下百川；乐盘游，则思三驱以为度；忧懈怠，则思慎始而敬终；虑壅蔽⑥，则思虚心以纳下；惧谗邪，则思正身以黜恶⑦；恩所加，则思无因喜以谬赏；罚所及，则思无以怒而滥刑。总此十思，弘兹九德。简能而任之，择善而从之；则智者尽其谋，勇者竭其力，仁者播其惠，信者效其忠。文武并用，垂拱而治⑧。何必劳神苦思，代百司之职役哉？

"字斟句酌" 查注释

①神器：指帝位。②域中：指天地之间。③景命：大命。④殷忧：深深的忧虑。⑤冲：谦和。牧：修养。⑥壅：堵塞。⑦黜（chù）：排斥。⑧垂拱：指无为而治。

"古文今解" 看译文

我听说要求树木长得高大，就一定要加固它的根本；想要河水流得长远，就一定要疏通它的源头；想使国家安定，就一定要积聚自己的道德仁义。水源不深却希望水流得长远，根基不牢固却要求树木长得高大，道德不深厚却期望国家能够安定，我虽然十分愚笨，也知道那是不可能的，更何况英明聪慧的人呢！国君承受着统治天下的重任，是威照四方的至尊，不想着要居安思危，戒除奢侈而力行节俭，这也就像砍断树根却要求树木长得茂盛，堵塞泉源却希望水能流得长远一样。

凡是古代的君主，承受上天的大命，开始做得好的确实很多，但是能够坚持到底的却很少。难道是取天下易、守天下难吗？大概是他们在忧患深重的创业阶段，必然竭尽诚意对待下属，一旦得志，便放纵情欲，傲视他人。竭尽诚意，那么即使像胡人、越人等不同种族的人也可以成为一体；傲视部下，就是骨肉至亲也会疏远得像过路人一样。即使用严酷的刑罚监督人们，用雷霆之怒震慑他们，最后也只能使人们暂且免除刑罚，心中却不会感念君王的恩德，表面上态度恭顺，可是心里并不服气。怨恨不在大小，可怕的只是人心的向背。水能载舟亦能覆舟的道理，陛下应该特别谨慎对待。

　　假如真能做到看到心爱的东西，就想到知足以警诫自己；将要大兴土木，就想到要适可而止以使百姓安宁；思虑到身居高位会招致危险，就想到要谦虚平和，并且加强自我修养；害怕自己骄傲自满，就想到江海是处于百川的下游，总是不断地接纳着万千支流；喜欢打猎游乐，就想到君王应以每年打猎三次为限度；担心意志懈怠，就想到做事要谨慎地开始慎重地结束；忧虑会受蒙蔽，就想到虚心接纳臣下的意见；害怕被谗佞奸邪所迷惑，就想到端正自身以斥退邪恶小人；加恩于人时，就想到不要因为一时高兴而赏赐不当；施行刑罚时，就想到不要因为正在发怒而滥施刑罚。全部履行上述十个方面，弘扬那九种美德，选拔贤能的人而任用他，选择正确的意见而听从它；那么，聪明的人就会贡献出他们的智谋，勇敢的人就会竭尽他们的气力，仁爱的人就会广施他们的恩惠，诚实的人就会奉献他们的忠诚。这样文武并重，就可以垂衣拱手，无为而治了。何必劳神苦思，代行百官的职责事务呢？

◎ 唐太宗立像（局部）

"赏奇析疑" 谈方法

"十思"之论，魏徵意在规劝太宗居安思危，其词全用排偶，气势雄峻，铿锵有力。这篇文章风格质朴，结构严谨，开唐代散文的疏朗之风。

为徐敬业讨武曌檄

骆宾王

"知人论世" 聊背景

武则天本是唐高宗的皇后，代高宗决百司奏事。唐高宗死后，她临朝称制，并从公元690年开始改国号为周，称"圣神皇帝"。原来李唐的一些宗亲大臣纷纷起兵讨伐，徐敬业是唐代开国功臣徐世勣的孙子，他打着恢复唐室的旗号，率军讨伐武后，最终兵败被杀。骆宾王当时是徐敬业的幕僚，替他写了这篇檄文。文章采用了抑扬的手法，先贬武后，揭露了她谋权篡位的种种罪行；再扬徐敬业一方的大义凛然，最后号召天下人一起勤王讨伐武氏，写得"声光奕奕，山岳震动"，很有号召力。

"抑扬顿挫" 读原文

伪临朝武氏者，性非和顺，地实寒微①。昔充太宗下陈②，曾以更衣入侍。洎乎晚节③，秽乱春宫。潜隐先帝之私，阴图后房之嬖④。入门见嫉，蛾眉不肯让人；掩袖工谗，狐媚偏能惑主。践元后于翚翟⑤，陷吾君于聚麀⑥。加以虺蜴为心⑦，豺狼成性，近狎邪僻，残害忠良，杀姊屠兄，弑君鸩母⑧。人神之所同嫉，天地之所不容。犹复包藏祸心，窥窃神器。君之爱子，幽之于别宫；贼之宗盟，委之以重任。呜呼！霍子孟之不作⑨，朱虚侯之已亡⑩。燕啄皇孙⑪，知汉祚之将尽；龙漦帝后⑫，识夏庭之遽衰。

敬业，皇唐旧臣，公侯冢子⑬，奉先君之成业，荷本朝之厚恩。宋微子之兴悲⑭，良有以也；袁君山之流涕，岂徒然哉！是用气愤风云，志安社稷，因天下之失望，顺宇内之推心，爰举义旗，以清妖孽。南连百越，北尽三河，铁骑成群，玉轴相接⑮。海陵红粟⑯，仓储之积靡穷；江浦黄旗，匡复之功何远？班声动而北风起⑰，剑气冲而南斗平。暗呜则山岳崩颓⑱，叱咤则风云变色。以此制敌，何敌不摧？以此图功，何功不克？

公等或居汉地，或叶周亲，或膺重寄于话言，或受顾命于宣室。言犹在耳，忠岂忘心？一抔之土未干⑲，六尺之孤何托？倘能转祸为福，送往事居⑳，共立勤王之勋，无废大君之命，凡诸爵赏，同指山河。若其眷恋穷城，徘徊歧路，坐昧先几之兆㉑，必贻后至之诛㉒。请看今日之域中，竟是谁家之天下！

◎ 唐十八学士图卷（局部）［北宋］赵佶

"字斟句酌" 查注释

①地：通"第"，出身。武则天的父亲出身于木材商人，按当时的血统出身论，属于寒微之族。②下陈：下列。古时候婢妾都站于堂下，故称。③洎（jì）：等到。晚节：这里是年龄稍长的意思。④嬖：受宠的姬妾。⑤元后：皇后。翚（huī）翟（dí）：野鸡，据说野鸡的配偶不乱，象征妇德，所以皇后的车服上绘有野鸡羽毛的图案。⑥聚麀（yōu）：原指两头公鹿共有一头母鹿。⑦虺（huǐ）：一种毒蛇。⑧鸩（zhèn）：鸟名，羽毛有毒。这里指毒死。⑨霍子孟：即霍光。汉武帝死后，他辅佐幼主昭帝，昭帝死后，他又迎立宣帝，安定了汉室。⑩朱虚侯：即刘章。刘邦死后，诸吕作乱，他和周勃、陈平协力诛除了诸吕。⑪燕啄皇孙：汉成帝曾先后宠爱赵飞燕、赵合德姊妹，但她二人都没有为汉成帝生下儿女，又怕别的宫女怀孕生子，夺了自己受宠的地位，于是只要听说宫中有人为成帝产下婴儿，便设计杀死。⑫龙漦（chí）帝后：传说夏朝衰落的时候，曾有二龙停于宫殿之上，自称是褒地的二君，夏王将它们的涎沫收藏了起来。到了周厉王末年，涎沫流了出来，变成了黑鼋，一个宫女碰上了便怀了孕，产下一女婴，这就是后来让周幽王"烽火戏诸侯"的褒姒。⑬冢子：嫡长子。⑭宋微子：商纣王的庶兄微子启。商亡后他路过商故都，看到一片荒芜景象，触景伤情，作了《麦秀》一篇。⑮玉轴：战车。⑯红粟：陈年的粟。⑰班声：马鸣声。⑱喑（yīn）呜：怒气郁积。⑲一抔（póu）之土：一小堆土。⑳往：死者。居：生者。㉑昧：看不清楚。㉒贻（yí）：遗留。

"古文今解" 看译文

窃居帝位的武氏，生性并非和顺，出身实在寒微。从前她只是太宗宫中听召待用的一个才人，曾经利用服侍太宗的机会得到宠幸。到了年纪稍大些以后，又淫乱于太子宫中。她隐藏遮掩与先帝的私情，暗地里图谋在后宫得到专宠。入宫以后她的妒忌成性便表露了出来，依仗容貌美丽而从来不肯位居人后；又善于暗箭伤人，进谗构陷，可狐狸般的妖媚偏偏能迷惑君主。她堂而皇之地窃得了皇后的位置，使我们的君主陷入了丧失人伦的境地。加上她心同蛇蝎，性如豺狼，将一群谗佞奸邪的小人笼络在自己身边，残酷地迫害忠臣良士，诛杀屠戮骨肉亲人，弑杀君王毒死母亲。她的这些行为，让人神为之憎恶，使天地都不能容忍。她还包藏祸心，窥视着帝位，阴谋伺机窃取。先帝的爱子，被她幽禁于别宫；而她的同族死党，却都被委以了重任。唉！霍子孟那样帮助皇室度过传国嗣位之难的忠臣不再产生，朱虚侯那样的诛杀外戚，迎立新君的义士已不存在。童谣中传唱"燕啄皇孙"预示了汉朝气数将尽；而二龙的涎沫生出了褒姒，标志着西周就要衰亡。

敬业，是大唐的旧臣，公侯的嫡孙，继承了先辈开创的功业，蒙受着朝廷的厚恩。宋微子路过殷墟，不由得兴感伤怀，实在是触景生情所致；桓君山每谈到外戚专权就涕泣四流，又岂是无缘无故！因此，愤慨之气撼起了风云，毅然立志要安定社稷，凭借天下百姓对武氏专权的失望之情，顺应四海之内的人心向背，举起义旗，以清除妖孽。南至百越，北到三河，铁骑成群结队，战车首尾相接。海陵的粮仓储粮充足，积蓄的物资不可尽数；江浦一带，黄旗飘舞，匡复天下的成功又怎么会遥远？战马嘶鸣，激起了怒吼的北风；剑气冲天，与南斗比肩平行。士兵们郁积的愤怒可以使山岳崩毁，齐声呐喊就能使风云变色。拿这样的军队去制服敌人，什么样的敌人不能被摧毁？用这样的军队去建功立业，什么样的功业不可以成就？

诸位王公有的是享有大唐的封土，有的是皇室的骨肉至亲，有的在外面肩负重要的使命，有的则领受了君王的临终嘱托。先帝的遗言犹在耳畔，怎能就可以忘记臣子的忠心？先帝坟上的新土还未风干，留下幼小的君主又将托付何人？倘若能转祸为福，送别过世的先帝，侍奉尚幼的新主，共同建立辅佐王室的勋业，不废弃先帝的遗命，那么，一切的封爵赏赐，都可以指山河为证。如果有人仍然眷恋孤单的城池，在歧路上徘徊不定，白白地坐失已经显露的吉兆，必然会招致后到的惩罚。请看今日的国内，究竟是谁家的天下！

此篇铺叙处，段落分明，开始写武氏罪不容诛，历数其败德恶行，自为才人至垂帘，层层指出。中间为举义反武之事设色，写得声光奕奕，山岳震动，对举义之义不容辞，义军军威之盛极尽铺陈，以鼓舞人心。最后再强调大义面前不可无动于衷，作壁上观，并以赏罚作为激励鞭策。此檄文义正词严，议论宏伟，行文跌宕起伏、错综繁复而又极有条理，是千古不磨的正大之作。据说武则天在读到骆宾王的这篇文章后，对骆宾王大为欣赏，还感叹不能得到这样的人才。

滕王阁序

王 勃

滕王阁位于江西南昌赣江边，是唐高祖李渊的儿子李元婴（滕王）在洪州任刺史时所建。唐高宗时，洪州都督阎某又重新修缮。王勃于高宗末年到交趾去探望父亲，途中路过滕王阁，正好赶上都督阎某重九日在滕王阁大宴宾客。王勃被邀请参加宴会，写下《滕王阁序》。这篇文章先写滕王阁周边秀丽的景色，后面转而抒怀，表达自己怀才不遇的悲凉情感和"穷且益坚"的积极进取的精神。全文声色并陈，情景俱佳，历来为人所传诵。

"抑扬顿挫" 读原文

　　南昌故郡，洪都新府。星分翼、轸，地接衡、庐。襟三江而带五湖①，控蛮荆而引瓯越②。物华天宝，龙光射牛斗之墟③；人杰地灵，徐孺下陈蕃之榻④。雄州雾列，俊彩星驰。台隍枕夷夏之交⑤，宾主尽东南之美。都督阎公之雅望⑥，棨戟遥临⑦；宇文新州之懿范⑧，襜帷暂驻⑨。十旬休暇，胜友如云；千里逢迎，高朋满座。腾蛟起凤，孟学士之词宗；紫电清霜，王将军之武库。家君作宰，路出名区，童子何知⑩，躬逢胜饯。

　　时维九月，序属三秋。潦水尽而寒潭清⑪，烟光凝而暮山紫。俨骖騑于上路⑫，访风景于崇阿，临帝子之长洲⑬，得仙人之旧馆。层峦耸翠，上出重霄；飞阁流丹，下临无地。鹤汀凫渚⑭，穷岛屿之萦回；桂殿兰宫，列冈峦之体势。披绣闼⑮，俯雕甍⑯，山原旷其盈视，川泽盱其骇瞩⑰。闾阎扑地⑱，钟鸣鼎食之家；舸舰迷津，青雀黄龙之舳⑲。虹销雨霁⑳，彩彻云衢㉑，落霞与孤鹜齐飞㉒，秋水共长天一色。渔舟唱晚，响穷彭蠡之滨㉓；雁阵惊寒，声断衡阳之浦㉔。

　　遥吟俯畅，逸兴遄飞㉕。爽籁发而清风生，纤歌凝而白云遏。睢园绿竹㉖，气凌彭泽之樽㉗；邺水朱华，光照临川之笔㉘。四美具，二难并。穷睇眄于中天㉙，极娱游于暇日。天高地迥㉚，觉宇宙之无穷；兴尽悲来，识盈虚之有数。望长安于日下，指吴会于云间。地势极而南溟深㉛，天柱高而北辰远。关山难越，谁悲失路之人？萍水相逢，尽是他乡之客。怀帝阍而不见㉜，奉宣室以何年㉝？

　　呜乎！时运不齐，命途多舛㉞。冯唐易老，李广难封㉟。屈贾谊于长沙㊱，非无圣主；窜梁鸿于海曲㊲，岂乏明时？所赖君子安贫，达人知命。老当益壮，宁知白首之心？穷且益坚，不坠青云之志。酌贪泉而觉爽，处涸辙以犹欢。北海虽赊㊳，扶摇可接；东隅已逝㊴，桑榆非晚㊵。孟尝高洁㊶，空怀报国之心；阮籍猖狂㊷，岂效穷途之哭？

勃，三尺微命，一介书生。无路请缨，等终军之弱冠^㊸；有怀投笔，慕宗悫之长风^㊹。舍簪笏于百龄^㊺，奉晨昏于万里^㊻。非谢家之宝树，接孟氏之芳邻。他日趋庭，叨陪鲤对^㊼；今晨捧袂^㊽，喜托龙门。杨意不逢，抚凌云而自惜；锺期既遇，奏流水以何惭？

呜呼！胜地不常，盛筵难再。兰亭已矣，梓泽丘墟^㊾。临别赠言，幸承恩于伟饯；登高作赋，是所望于群公。敢竭鄙诚，恭疏短引。一言均赋，四韵俱成：

滕王高阁临江渚，佩玉鸣鸾罢歌舞^㊿。画栋朝飞南浦云，朱帘暮卷西山雨。闲云潭影日悠悠，物换星移几度秋。阁中帝子今何在？槛外长江空自流。

"字斟句酌" 查注释

①襟：衣领。②控蛮荆而引瓯越：控制楚地，连接瓯越。蛮荆，指古楚地。引，连接。瓯（ōu）越，指今浙江永嘉一带。③牛斗之墟：相传西晋的张华看

◎ 王勃登临滕王阁

见牛、斗二星之间有紫气，于是派人到丰城当县令，掘地得宝剑二口，一名龙泉，一名太阿。④徐孺：东汉名士徐稚。豫章的太守陈蕃素不待客，只有他来了才招待，并专为他设一榻，以示尊敬。⑤台隍：城台和城池，这里指南昌城。⑥雅望：崇高的声望。⑦棨（qǐ）戟：有衣套的戟，古代官员外出时的仪仗。⑧懿：美好。⑨襜（chān）帷：车子的帷幔。⑩童子：王勃谦称。⑪潦（lǎo）水：指雨后积水。⑫骖（cān）騑（fēi）：驾车的马。⑬帝子：指滕王李元婴，滕王阁便由他所建。⑭汀（tīng）：指水边或水中平地。凫（fú）：野鸭。⑮闼（tà）：门。⑯甍（méng）：屋脊。⑰骇瞩：对所看到的景物感到吃惊。⑱闾（lǘ）阎：里巷的门，此指房屋。⑲舳：船只。⑳霁：雨雪停止。㉑衢（qú）：原意是四通八达的道路。㉒鹜（wù）：野鸭。㉓彭蠡（lǐ）：即鄱阳湖。㉔衡阳之浦：传说大雁向南飞到衡阳的回雁峰就不再南行。㉕遄（chuán）：快，迅速。㉖睢（suī）园：汉梁孝王在睢水边修建的竹园，他常与宾客在园中宴饮。㉗彭泽：指陶渊明，他曾任过彭泽令，性嗜酒。㉘临川：指南朝诗人谢灵运。㉙睇（dì）眄：斜视。㉚迥（jiǒng）：远。㉛南溟（míng）：南海。㉜帝阍（hūn）：皇宫的大门。㉝宣室：古代帝王的大室。㉞舛（chuǎn）：不幸。㉟冯唐易老，李广难封：汉冯唐身历三朝，至武帝时，举为贤良，但冯唐已九十多岁了，不能再做官了。汉名将李广抗击匈奴屡立战功，但因为时运不济，他的部下有许多都封了侯，但他始终没有被封侯。㊱贾谊：西汉著名的政治家、文学家。他的才华很为汉文帝赏识，引起了一些朝臣的不满。他们以"洛阳之人，年少初学，专欲擅权，纷乱诸事"的流言动摇了文帝对贾谊的信任，结果文帝让贾谊离京去做长沙王太傅。㊲梁鸿：东汉诗人。汉章帝时，因事出函谷关，经过京城，作《五噫歌》讽世，章帝闻知，不悦，下诏搜捕。他于是南逃至吴，给人当雇工。㊳赊：远。㊴东隅：早晨。㊵桑榆：夕阳的余晖照在桑榆树梢上，指黄昏。㊶孟尝：东汉人，他曾任合浦太守，有政绩，却不被重用，后辞官归隐。㊷阮籍：魏晋时的贤士，他对魏末司马氏专权不满，于是借酒装疯，远离仕途。㊸弱冠：二十岁。㊹宗悫（què）：南朝宋的将军，他的叔父曾问他志向，他回答说："愿乘长风破万里浪。"㊺百龄：百年。㊻奉晨昏：指早晚向父母请安。㊼叨（tāo）：惭愧。鲤对：孔子曾在儿子孔鲤走过庭前的时候对他进行教育，后人于是称回答长辈的教诲为"鲤对"。㊽袂（mèi）：衣袖。㊾梓泽：又名金谷园，西晋石崇修建，极尽奢华。㊿鸣鸾：车上的鸾铃声。

"古文今解"看译文

　　南昌是旧时豫章郡的郡治，现在称洪都府。它处在翼、轸二星的分野，所处地域与庐山和衡山相接。它以三江做衣领，以五湖环绕做衣带，是楚地的中枢，更连接着瓯越。这个地方汇聚了万物的精华，上天的瑰宝，在此地发掘的宝剑的光芒直冲牛、斗二星之间；可以说是人中多俊杰，大地有灵秀，徐孺子就曾经使太守陈蕃为他特设卧榻。雄伟的州城在烟雾中若隐若现，杰出的人才像流星一样来往飞驰。洪州城坐落在夷夏交接的地方，宾客和主人都是东南一带的俊杰。声名远播的阎都督，打着仪仗远道而来；德行美好的新州宇文刺史，乘着车驾到此地暂作停留。此时正逢十日的休假，才华出众的友人们云集于此；相隔千里的客人前来相聚，大家欢欢喜喜坐满宴席。蛟龙腾跃，凤凰飞舞，那是文坛领袖孟学士文章的轻灵美妙；紫电剑急如雷霆，清霜剑寒气逼人，那是王将军的精湛武艺。家父远任县令，我因省亲路过这个地方；在下无知年少，有幸亲自参加了这样盛大的宴会。

　　眼下正值九月，从季节的顺序上说已经是深秋了。雨后的积水已随夏天的过去而消失殆尽，清澈的潭水在秋光中略显寒冷；烟光雾气的凝结中，晚山笼罩在一片苍茫紫色当中。我在大道旁收拾起车马，在崇山峻岭中遍访风景，来到滕王的长洲之上，瞻拜了他主持修建的这座阁楼。重叠的山峦托起一片苍翠，高高的山峰向上直指云霄；凌空架起的高阁仿佛将朱红的油彩溶散到了风中，高高在上更觉遗世独立而看不见地面。仙鹤栖宿的平滩和野鸭聚集的小洲，极尽岛屿曲折回环的景致；桂树与木兰建成的宫殿，高高低低地呈现出山峦起伏的态势。打开精美的阁门，俯瞰华丽的屋脊，辽阔的山原充满视野，迂回的湖河让人瞠目。屋廊房舍错落重叠的，是钟鸣鼎食的权贵人家；船帆舟舸密布纵横，都装饰着青雀黄龙的船首。彩虹退尽，雨过天晴，夕阳将云朵映得缤纷绚烂，落霞与孤飞的野鸭一齐翱翔，秋水与无边的天空浑然一色。渔舟唱晚而归，歌声响遍鄱阳湖畔；雁阵因寒而叫，叫声消失在衡阳水边。

　　放声长吟，登高俯瞰，豪情逸致畅然奔涌。洞箫发出清脆的声音，引来阵阵清风，轻柔舒缓的歌声仿佛凝住不散，白云也为它停留。像睢园竹林的饮宴，狂饮的气概压过了陶渊明；像邺水曹植咏荷花那样的才气，文采可以和谢灵运媲美。良辰、美景、赏心、乐事，四件美事同时齐备，贤主、嘉宾，两种难得的人欢聚一堂。放眼远望长空，在闲暇的日子里尽情欢乐。天高地远，感到宇宙的无穷无尽；兴尽悲来，认识到事物的兴衰成败有所定数。远望长安在夕阳下，遥看吴越在云海间。地势倾斜，直到南海岸；天柱高耸，直指北极星。关山难以越过，谁能怜惜失意之人？萍水相逢，都是他乡来客。思念皇帝的宫阙却不能看见，像贾谊那样在宣室奉召，将要等到何年？

　　唉！时运不济，命途多有坎坷。冯唐容易衰老，李广终难封侯。贾谊被贬到长沙，其时并非没有圣明的君主；梁鸿到海边隐居，岂是没碰到政治清明的时代？所依赖的是君子能够安于贫贱，通达的人能够知道自己的命运。年纪虽老，志气应当更为旺盛，谁能理解白头都不曾改变的心思？处境艰难意志却更加坚定，决不放弃远大崇高的理想。喝了贪泉的水，仍然觉得心清气爽；处在干涸的车辙中，还能保持乐观豁达的心情。北海虽然遥远，乘着旋风仍可以到达；少年的时光虽然已经流逝，珍惜将来的岁月还不算太晚。孟尝品行高洁，却空怀着一腔报国的热情；阮籍狂放不羁，又怎能效法他那样在无路可走时便恸哭而返？

　　我王勃，只是腰带三尺的小官，一介书生而已。没有门路请缨报国，现在已和终军的年龄相同；有投笔从戎的志向，也仰慕宗悫"乘风破浪"的壮心。舍弃一生的功名富贵，到万里之外去早晚侍奉双亲。不敢说是谢玄那样的人才，却也从小交从于诸位名家。即将要到父亲跟前，恭敬地聆听他的教诲；今天奉陪各位，高兴得像鲤鱼跳上了龙门。司马相如倘若没有遇上杨得意，只好拍着他的赋而叹息；我今天遇上了锺子期那样的知音，奏一曲高山流水又有什么羞愧呢？

唉！名胜不能长存，盛宴难以再逢。兰亭的聚会已经成了过去，繁华的金谷园也成了废墟。离别时写几句话作纪念，有幸蒙受恩惠而参加了这次宴会；登高作赋，只能期望在座的诸公了。冒昧地用尽鄙陋的诚心，恭敬地写下了这篇小序。每人都要赋诗一首，四韵八句成篇：

滕王高阁坐落在江边，佩玉声动，鸾铃鸣响，这里宴散人空。早晨，南浦的云霞飞上画栋；晚上，西山的风雨卷起了朱帘。闲走的浮云，潭中的倒影，都在阳光静静的照射下悠然自在；星移斗转，世事变迁，这其中又不知道流过了多少的时间。当年盖起这座高阁的龙子龙孙今日在哪里呢？只有这栏杆下的江水空自奔流。

"赏奇析疑" 谈方法

这篇文章结构清晰，层次井然。此文原题为《秋日登洪府滕王阁饯别序》，全文均围绕题目展开。作者先是叙述洪都雄伟的地势、游玩的时间、珍异的物产、杰出的人才以及尊贵的宾客，紧扣题目中的"洪府"二字；进而向读者描绘了一幅滕王阁秋景图，始终紧扣题目中"秋日""登滕王阁"六字；随后因景生情，由对宴会的描写转而引出人生的感慨，紧扣题目中的"饯"字；最后自叙遭际，表示当此临别之际，既遇知音，自当赋诗作文，以此留念，这是紧扣题中"别""序"二字。此文延续了南朝骈文的体式，文中不论写滕王阁的景色，还是抒发人生的感慨，都用了排偶手法，通篇回环往复，错落有致，既增加了文采，又增添了气势。

春夜宴桃李园序

李　白

"知人论世" 聊背景

　　这篇文章的原题是《春夜宴诸从弟桃李园序》。此文是李白用骈体文写成的一篇脍炙人口的抒情小品，生动地记述了李白和众兄弟在春夜聚会于桃李芬芳的名园，饮酒赋诗、高谈阔论的情景。文章抒发了作者热爱生活、热爱自然，以及对兄弟们和睦友爱的喜悦之情，同时也寄托了对人生短促的感慨和及时行乐的思想。虽然文章流露出"浮生若梦，为欢几何"的感伤情绪，但整体基调是积极向上的。

"抑扬顿挫" 读原文

　　夫天地者，万物之逆旅①；光阴者，百代之过客。而浮生若梦，为欢几何？古人秉烛夜游，良有以也②！况阳春召我以烟景，大块假我以文章③。会桃李之芳园，序天伦之乐事。群季俊秀④，皆为惠连⑤；吾人咏歌，独惭康乐⑥。幽赏未已，高谈转清。开琼筵以坐花，飞羽觞而醉月⑦。不有佳作，何伸雅怀？如诗不成，罚依金谷酒数⑧。

"字斟句酌" 查注释

　　①逆旅：客舍。②良：确实。③大块：指大自然。④群季：诸弟。⑤惠连：南朝文学家谢惠连。⑥康乐：南朝文学家谢灵运，袭封康乐公。⑦觞（shāng）：古代酒器。⑧金谷酒数：西晋石崇在金谷园与宾客宴饮的时候，要宾客当筵赋诗，不能成者，罚酒三杯。

天地啊，是万物的客舍；光阴啊，是百代的过客。虚浮的人生恍若一场大梦，欢乐的时光又能延续多久？古人拿着蜡烛在夜里游赏，确实是有原因的啊！况且，温暖的春天用烟花美景召唤我们，天地万物赐给了我们一派锦绣风光。我们在桃李芬芳的园中相会，一起畅叙兄弟间的乐事。诸位贤弟都是俊杰才智之士，个个比得上谢惠连；我们作诗吟咏，唯独我惭愧自己的才情不如谢康乐。幽雅的赏玩还没结束，高谈阔论已转为清雅絮语。坐在花丛中摆开豪华的筵席，觥筹交错，尽情欢乐，要和明月同醉在这良辰美景当中。如此情形，没有好的作品，怎能抒发高雅的情怀？如果诗文没有即席作成的，就依照金谷园宴饮的旧例罚酒三杯。

"赏奇析疑" 谈方法

此文一句一转，一转一意，文气奔放自如，写得潇洒流畅，事情记叙生动自然。精彩的骈偶句式，使文章更加生色。

陋室铭

刘禹锡

"知人论世" 聊背景

本文通篇不足一百字，却紧扣"陋室不陋"这一主旨。以山水、室外景物、室内人、室内事来说明"陋室不陋"，再以诸葛庐、子云亭和孔子的话来比赞陋室。文笔简练，洋溢淡雅的意趣。

"抑扬顿挫" 读原文

山不在高，有仙则名；水不在深，有龙则灵。斯是陋室，唯吾德馨。苔痕上阶绿，草色入帘青。谈笑有鸿儒，往来无白丁。可以调素琴，阅金经①。无丝竹之乱耳，无案牍之劳形②。南阳诸葛庐，西蜀子云亭③。孔子云："何陋之有？"

"字斟句酌" 查注释

①金经：用泥金颜料书写的经书。②案牍（dú）：指官府的文书。③子云：西汉辞赋家扬雄，字子云。

"古文今解" 看译文

山不在高，有仙人居住就能出名；水不在深，有龙潜藏就能降福显灵。这是间简陋的屋子，好在我有美好的德行。绿色的苔藓滋生到了台阶上面，芳草把帘内映得碧青。在这里谈笑的是饱学多识的学者，相往来的没有无知识的俗人。在这里可以弹奏素朴无华的古琴，阅读金色字迹的佛经。没有世俗的音乐扰乱两耳，没有官府公文劳累身形。它如同南阳诸葛亮

◎ 斯是陋室，唯吾德馨。

的茅庐，好似西蜀扬子云的草玄亭。孔子说："有什么简陋的呢？"

"赏奇析疑"谈方法

此文短小精悍，语简而富有理趣。从"山不在高"到"无案牍之劳形"是一层，写了陋室的景色和周围环境；余下两句是作者的议论，其中末句中的"陋"字点题，也是主导一篇的旨意。

本文若只保留前面一层，不失为一篇写景咏物的好文。更难能可贵的是，刘禹锡在此基础上，用诸葛亮、扬子云的典故表达自己的隐逸之趣，而孔子的"何陋之有"，又把这一情趣推到更高的层次，那就是安贫乐道、以德修身的人生理念。

阿房宫赋

杜 牧

"知人论世"聊背景

这篇文章写于唐敬宗宝历元年（825）。唐敬宗在位期间，大兴土木，广修宫室，给人民造成了沉重负担。杜牧因此作《阿房宫赋》，借秦始皇穷奢极欲导致亡国的史事，告诫统治者不要重蹈覆辙。文末一句"后人哀之而不鉴之，亦使后人而复哀后人也"，点明了此文的旨意。

"抑扬顿挫"读原文

六王毕，四海一；蜀山兀^①，阿房出。覆压三百余里，隔离天日。骊山北构而西折，直走咸阳。二川溶溶，流入宫墙。五步一楼，十步一阁。廊腰缦回，檐牙高啄，各抱地势，钩心斗角。盘盘焉，囷囷焉^②，蜂房水涡，矗不知其几千万落。长桥卧波，未云何龙？复道行空^③，不霁何虹^④？高低冥迷，不知西东。歌台暖响，春光融融；舞殿冷袖，风雨凄凄。一日之内，一宫之间，而气候不齐。

妃嫔媵嫱^⑤，王子皇孙，辞楼下殿，辇来于秦。朝歌夜弦，为秦宫人。明星荧荧，开妆镜也；绿云扰扰，梳晓鬟也；渭流涨腻，弃脂水也；烟斜雾横，焚椒兰也。雷霆乍惊，宫车过也；辘辘远听，杳不知其所之也。一肌一容，尽态极妍，缦立远视^⑥，而望幸焉。有不得见者三十六年。燕、赵之收藏，韩、魏之经营，齐、楚之精英，几世几年，取掠其人，倚叠如山。一旦不能有，输来其间。鼎铛玉石^⑦，金块珠砾，弃掷逦迤^⑧，秦人视之，亦不甚惜。

○ 阿房宫图

嗟乎！一人之心，千万人之心也。秦爱纷奢，人亦念其家。奈何取之尽锱铢⑨，用之如泥沙？使负栋之柱，多于南亩之农夫；架梁之椽，多于机上之工女；钉头磷磷⑩，多于在庾之粟粒；瓦缝参差，多于周身之帛缕；直栏横槛，多于九土之城郭；管弦呕哑，多于市人之言语。使天下之人，不敢言而敢怒；独夫之心，日益骄固。戍卒叫，函谷举，楚人一炬，可怜焦土！

呜呼！灭六国者，六国也，非秦也；族秦者，秦也，非天下也。嗟夫！使六国各爱其人，则足以拒秦；秦复爱六国之人，则递三世，可至万世而为君，谁得而族灭也？秦人不暇自哀，而后人哀之，后人哀之而不鉴之，亦使后人而复哀后人也！

 "字斟句酌" 查注释

①兀（wù）：光秃。②囷（qūn）囷：曲折回旋。③复道：楼阁之间以木架设的通道。④霁（jì）：雨后或雪后转晴。⑤媵（yìng）：指宫女。嫱（qiáng）：古代宫廷里的女官名。⑥缦立：长久地站立。⑦铛（chēng）：一种平底浅锅。⑧逦（lǐ）迤（yǐ）：连续不断。⑨锱（zī）铢：古时的重量单位。六铢等于一锱，四锱等于一两。⑩磷磷：纷繁闪烁。

"古文今解" 看译文

六国覆灭，天下统一；蜀山中的树木被砍光了，阿房宫建成了。它覆盖了三百多里的地面，几乎遮蔽了天日。从骊山北面建起，折向西面的咸阳。渭水和樊川清波荡漾，缓缓流进了宫墙。五步一座高楼，十步一座亭阁；长廊如腰带，回环萦绕，屋檐高挑，像鸟嘴一样在高处啄食；亭台楼阁各依地势，向心交错。盘盘绕绕，曲曲折折，像蜂房那样密集，像水涡那样起伏，巍峨耸立，不知道它们有几千万个院落。那长桥横卧在水面上，没有云聚风起，却怎么像有蛟龙飞腾？那阁道架在半空中，

并非雨过天晴，却怎么像有长虹横空？亭榭池苑高低错落，使人辨不清南北东西。楼台上歌声响起，让人感到春天里的融融暖意；大殿里舞袖挥动，带起一片风雨凄迷。同一天内，同一宫中，气候冷暖竟截然不同。

那六国的妃嫔姬妾、王子皇孙，辞别了故国的楼阁宫殿，乘着辇车来到秦国。日夜歌唱弹琴，成了秦皇的宫人。宫苑中星光闪烁啊，那是美人们打开了梳妆的明镜；又看见绿云纷纷，那是她们对镜晨妆时散开的秀发；渭水上泛起了油腻啊，那是妆成后泼下的脂水；烟雾弥漫啊，是她们焚烧的椒兰。雷霆声忽然震天响起，原来是皇帝的车辇从这里经过；辘辘的车轮声渐行渐远了，不知道它驶向何方。这时候，每一种身姿，每一份容颜，都要费尽心思地显示出娇好，表现出妩媚，她们久久地伫立着，眺望着，希望皇帝能驾临。有的人三十六年未得见皇帝一面。燕国、赵国的收藏，韩国、魏国珍宝，齐国、楚国的精品，都是多少年、多少代靠搜刮本国的百姓而聚敛起来的，可谓是堆积如山。一朝国家灭亡，不能再占有，便都被运到了阿房宫中。神鼎当成铁锅，宝玉当成石头，黄金当成土块，珍珠视为砂砾，随处丢弃，遍地可见，秦人看着，也不觉得很可惜。

唉！一个人心之所向，也正是千万人心之所向啊。秦始皇喜欢豪华奢侈，可百姓也眷念着自己的家呀。为什么搜刮财宝的时候连一分一厘也不放过，挥霍起来却把它当成泥沙毫不珍惜呢？使得支撑宫梁的柱子，比田里的农夫还多；架在屋梁上的椽子，比织机上的织女还多；钉头闪闪，比粮仓的谷粒还多；长长短短的瓦缝，比百姓遮体的丝缕还多；栏杆纵横，比天下的城池还多；管弦齐鸣的嘈杂声，比集市的人声还要喧闹。使天下的人虽然口不敢言，心中却充满了愤怒；使独断专行、天下唯我的暴君之心日益骄横顽固。终于有一天几个被征发戍边的士卒振臂一呼，函谷关便应声陷落，项羽的一把大火，可惜啊，那豪华的宫殿就变成了一片焦土！

唉！消灭六国的是六国自己，不是秦国；使秦国覆灭的是秦人自己，不是天下的人。唉！假如六国的国君能各自爱护自己的百姓，就足以抵抗秦国；如果秦能爱惜六国的百姓，那就可以传位到三世，以至传到万世而永为君王，谁能够使它覆灭呢？秦人来不及哀叹自己的灭亡，而后人为他们哀叹；如果后人哀叹它却不引以为戒，那么就又要让更后来的人来哀叹他们了！

"赏奇析疑"谈方法

此文题为"阿房宫赋"，重点却不是咏物，而是写阿房宫中的豪奢场景。文章前两段辞藻华丽，文字铺排，把阿房宫里盛极一时的奢华衬托得活灵活现。这是欲抑先扬的写法。正所谓物极必反，写一个事物的败亡，先描述它曾经的兴盛，会给读者造成强烈的感觉冲击。后面两段转而议论，它先是以一组排比，说明秦朝统治者把天下据为己有的事实，一句"楚人一炬，可怜焦土"，把阿房宫的奢华一刻尽数消灭，使人产生一种极度的幻灭感。继而再揭示秦亡的教训，也就是未能"复爱六国之人"，可见秦亡是亡于自身，而不是亡于天下人。杜牧说秦亡的教训，其实是暗示唐朝统治者要引以为戒，要爱天下人，不然就会"使后人而复哀后人"了。结尾一句是文章主旨，语言简练而警策，可说发人深省、震撼人心。

杂说四

韩　愈

"知人论世" 聊背景

　　人才问题是每个时代都关注的话题。韩愈这篇文章名义上说的是"马"，其实是说人才，"伯乐"也是暗喻那些专门负责选拔人才的人。此文借千里马的埋没与否完全取决于伯乐这一现象，讽刺了中唐以来对人才的压抑。

"抑扬顿挫" 读原文

　　世有伯乐①，然后有千里马。千里马常有，而伯乐不常有。故虽有名马，只辱于奴隶人之手，骈死于槽枥之间②，不以千里称也。

　　马之千里者，一食或尽粟一石，食马者不知其能千里而食也。是马也，虽有千里之能，食不饱，力不足，才美不外见③，且欲与常马等不可得，安求其能千里也？

　　策之不以其道，食之不能尽其材，鸣之而不能通其意，执策而临之曰："天下无马！"呜呼！其真无马邪？其真不知马也！

"字斟句酌" 查注释

　　①伯乐：相传是春秋时秦国人，名孙阳，以善相马著称。②骈（pián）死：一起死去。枥（lì）：马槽。③见：通"现"，显现。

"古文今解" 看译文

　　世上先是有了伯乐，然后才有了千里马。千里马是经常有的，而伯乐却不是常有的。所以虽有名马在世，也常常是屈辱于庸夫的手中，和普通的马一同死在马厩里，不会因为日行千里而著称于世。

　　千里马，一顿饭可能要吃光一石的粟米。喂马的人，不知道它能日行千里，因而不把它当千里马来喂养。这样的千里马，虽有日行千里的能力，却因吃不饱而力量不足，它的能耐和俊美就显露不出来，况且如此情形之下想要让它有与普通的马一样的表现还不能够，又怎能要求它日行千里呢？

　　驾驭它，不能因其本性而加以驾驭；喂养它，不能满足它发挥神骏本色所需要的食物；听到它鸣叫，不能理解它的意思，却拿着鞭子走到它跟前对着它说："天下没有好马！"唉！难道是真的没有好马吗？还是人们真的不认识好马呢？

"赏奇析疑" 谈方法

　　本文通篇以暗喻写作，用洗练的文字将"伯乐"昏庸、千里马被压制的情形描绘得惟妙惟肖。末段中一句"天下无马"，可谓惊世骇俗，与其说是讥讽"伯乐"的有眼无珠，倒不如说是作者对人才得不到重用而表达出的愤慨之情。

师 说

韩 愈

"知人论世"聊背景

　　尊师重道是自古传下来的美德。韩愈所处的时代,正值唐朝中期,当时的士大夫多以向别人从师学习为耻辱。针对这一风气,韩愈写下此文予以批判。《师说》先从正面论说老师的作用和从师的必要性,之后又重点批判了士大夫耻于从师的恶习,试图纠正这种不正之风。

"抑扬顿挫"读原文

　　古之学者必有师。师者,所以传道、受业、解惑也①。人非生而知之者,孰能无惑?惑而不从师,其为惑也,终不解矣。

　　生乎吾前,其闻道也,固先乎吾,吾从而师之;生乎吾后,其闻道也,亦先乎吾,吾从而师之。吾师道也,夫庸知其年之先后生于吾乎②？是故无贵无贱，无长无少，道之所存，师之所存也。

嗟乎！师道之不传也久矣，欲人之无惑也难矣。古之圣人，其出人也远矣，犹且从师而问焉；今之众人，其下圣人也亦远矣，而耻学于师。是故圣益圣，愚益愚。圣人之所以为圣，愚人之所以为愚，其皆出于此乎！

爱其子，择师而教之；于其身也，则耻师焉，惑矣！彼童子之师，授之书而习其句读者也，非吾所谓传其道、解其惑者也。句读之不知，惑之不解，或师焉，或不焉，小学而大遗，吾未见其明也。

巫医、乐师、百工之人，不耻相师。士大夫之族，曰师、曰弟子云

◎ 小楷韩柳文（此部分出自韩愈的《师说》）〔明〕文徵明

者，则群聚而笑之。问之，则曰："彼与彼年相若也，道相似也！位卑则足羞，官盛则近谀。"呜呼！师道之不复，可知矣。巫医、乐师、百工之人，君子不齿，今其智乃反不能及，其可怪也欤！

圣人无常师。孔子师郯子、苌弘、师襄、老聃[3]。郯子之徒，其贤不及孔子。孔子曰："三人行，则必有我师。"是故弟子不必不如师，师不必贤于弟子，闻道有先后，术业有专攻，如是而已。

李氏子蟠，年十七，好古文，六艺经传皆通习之，不拘于时，学于余。余嘉其能行古道，作《师说》以贻之[4]。

"字斟句酌" 查注释

①受：通"授"。②庸：何必。③郯（tán）子：春秋时郯国国君。孔子曾向他请教过关于官名的事情。苌（cháng）弘：周敬王大夫。孔子曾向他请教过音乐方面的知识。老聃（dān）：即老子。孔子曾向他请教过礼仪方面的事情。④贻：赠。

"古文今解" 看译文

古时候求学的人一定要有老师。老师，是来传授道理、教授学业和解答疑难问题的。人不是生下来就什么都知道的，谁能没有疑难问题呢？有了疑难问题不向老师请教，那些疑难问题就永远不能解决了。

出生在我之前的，他懂得道理本来就比我早，我向他学习，拜他为师；出生在我之后的，懂得道理要是也比我早，我也向他学习，拜他为师。我是从师学习道理，何必管他的年纪是比我大还是比我小呢？因此不论高贵与卑贱，年长与年幼，道理在哪里，老师就在哪里。

唉！从师的风尚不在世上流传已经很久了！要想使人们没有疑难困惑也很难了。古时候的圣人，他们超出一般人是很多的，尚且还向老师求教；现在的一般人，他们比圣人差得是很多了，反而以向老师学习为

羞耻。因此圣人越来越圣明，愚人也越来越无知。圣人之所以为圣人，愚人之所以为愚人，原因大概就在这里吧！

人们爱护自己的孩子，就选择老师来教他；可是对于自己，却以向老师求教为羞耻，这太糊涂了！那孩子们的老师，是教孩子们读书，教他们如何断句的人，并非我所说的传授道理、教授学业、解答疑难问题的人。读书不能断句，有疑难的问题不能解决，不能断句就向老师请教，有疑难问题却不向老师请教，小的事情学习了，大的事情反而遗弃了，我看不出他的高明在什么地方。

巫医、乐师和各种手工工人，不以互相学习为羞耻。士大夫这一类的人，一旦有以"老师""弟子"相称的，就聚在一起讥笑人家。问他们为什么笑，他们就说："他跟他年岁差不多呀，懂得的道理也不相上下呀！以地位低的人为师，就感到羞耻，以官职高的人为师，就认为是谄媚。"唉！从师学道的风尚不能恢复的原因，由此可以明白了。巫医、乐师、各种手工工人这些人，是士大夫们所看不起的，如今士大夫们的才智反而赶不上这些人，这是不是太奇怪了！

圣人并没有固定的老师。孔子曾向郯子、苌弘、师襄、老聃求教。他们的学问道德并不如孔子。孔子说："三个人一起行走，其中一定有可以做我老师的人。"所以学生不一定样样不如老师，老师也不一定样样都比学生高明，懂得道理有早有晚，专业各异，擅长不同，如此而已。

李家的孩子名叫蟠的，十七岁了，喜好古文，对六经的经文和传注都做了全面的研习，他不受当时耻于从师的不良风气影响，跟从我学习。我赞许他能够遵循古人从师学习的做法，因此作了这篇《师说》送给他。

"赏奇析疑"谈方法

此文在讥讽、批判士大夫不从师的行为时，分别以古时的圣贤和当时的巫医、乐师、百工等作比较，从反面衬托士大夫的荒唐和无知。文中刻画士大夫鄙视从师的行为，用了"群聚而笑之"，殊不知，嘲笑别人之人自有可笑、可怜之处，文章对这类人的愚昧、虚伪进行了无情地揭露和批判。

圬者王承福传①

韩　愈

"知人论世"聊背景

圬者，就是泥瓦匠。韩愈此文为泥瓦匠王承福作传，实际上是借王承福的身世和其所持的观点，来阐释他本人对于社会的分工、处世的哲学、做人的原则等问题的一些看法。此文先介绍王承福的身世和人品，接着说他的职业态度，最后谈他不成家的缘故，对他独善其身、不与世俗同流的态度表示认同。

"抑扬顿挫"读原文

圬之为技，贱且劳者也。有业之，其色若自得者。听其言，约而尽。问之，王其姓，承福其名，世为京兆长安农夫。天宝之乱，发人为兵，持弓矢十三年，有官勋，弃之来归。丧其土田，手镘衣食②。余三十年，舍于市之主人，而归其屋食之当焉。视时屋食之贵贱，而上下其圬之佣以偿之。有余，则以与道路之废疾饿者焉。

又曰："粟，稼而生者也，若布与帛，必蚕绩而后成者也。其他所以养生之具，皆待人力而后完也，吾皆赖之。然人不可遍为，宜乎各致其

◎ 泥瓦匠王承福言说从业心得

能以相生也。故君者，理我所以生者也，而百官者，承君之化者也③。任有大小，惟其所能，若器皿焉。食焉而怠其事，必有天殃，故吾不敢一日舍镘以嬉。夫镘易能，可力焉，又诚有功，取其直，虽劳无愧，吾心安焉。夫力易强而有功也，心难强而有智也，用力者使于人，用心者使人，亦其宜也。吾特择其易为而无愧者取焉。

"嘻！吾操镘以入富贵之家有年矣。有一至者焉，又往过之，则为墟矣；有再至、三至者焉，而往过之，则为墟矣。问之其邻，或曰：'噫！刑戮也。'或曰：'身既死而其子孙不能有也。'或曰：'死而归之官也。'吾以是观之，非所谓食焉怠其事而得天殃者邪？非强心以智而不足，不择其才之称否而冒之者邪？非多行可愧、知其不可而强为之者邪？将富贵难守、薄功而厚飨之者邪④？抑丰悴有时⑤、一去一来而不可常者邪？吾之心悯焉，是故择其力之可能者行焉。乐富贵而悲贫贱，我岂异于人哉？"

又曰："功大者，其所以自奉也博。妻与子，皆养于我者也，吾能薄而功小，不有之可也。又吾所谓劳力者，若立吾家而力不足，则心又劳也。一身而二任焉，虽圣者不可为也。"

愈始闻而惑之，又从而思之，盖贤者也，盖所谓独善其身者也。然吾有讥焉，谓其自为也过多，其为人也过少，其学杨朱之道者邪？杨之道，不肯拔我一毛而利天下。而夫人以有家为劳心，不肯一动其心以畜其妻子，其肯劳其心以为人乎哉？虽然，其贤于世之患不得之而患失之者，以济其生之欲、贪邪而亡道、以丧其身者，其亦远矣！又其言有可以警余者，故余为之传，而自鉴焉。

 "字斟句酌" 查注释

①圬（wū）：泥瓦活。②镘（màn）：泥瓦匠抹墙的工具。③承：通"丞"，辅佐。④飨（xiǎng）：通"享"。⑤丰悴：指家道的兴衰。

 **"古文今解" 看译文**

泥水匠这门手艺，卑贱而且辛苦。有个干这行的人，看他的样子很是自得其乐。听他讲起来，话不多，想要表达的意思却很明白。问他，他说自己姓王，名叫承福，世代都是京兆府长安县的农民。天宝年间的那场战乱，朝廷向老百姓征兵，他也被征入了军队，拿了十三年的弓箭。他因为立下战功而得了官爵，自己却弃掉不要跑回老家来。以前的土地已经在战乱中丧失了，于是拿起瓦刀来养活自己。三十多年来，他借住在街市里的一户人家，付给这家主人价格合适的房租、饭钱。并且视房租、饭钱的涨落而调整给人家做工的工钱，以来偿付。如果还有剩余，就送给街道上那些残废或忍受病痛饥饿的人。

他又说："粮食，要种植才能从土地中生出；布和丝绸，一定要经过养蚕、纺织才能做成；其他人们生活所需的东西，都是要等到人进行生产加工之后才能完成，这些东西都是我维持生计所依赖的。但是一个人不能什么都干，应当各尽其能、各出其力以满足相互的需要。所以做人君的责任是治理我们，使我们能够生存下去；而对于百官来讲，则应该奉行皇帝的教化。职责有大有小，只是要各尽其能，这就像器皿一样，各有各的用处。饱食终日却怠慢自己应做的事情，就必定会有天降的灾祸，所以我一天也不敢放下瓦刀去玩乐。泥瓦工不难学，可以凭力气做好，还确实能干出成绩、拿到工钱，虽然辛劳，但心中无愧，感觉心安理得。体力活是可以咬咬牙就能干好的，而动脑子的事就不是使死劲儿就能表现出高超智慧的；所以做体力劳动的人供人使用，做脑力劳动的人使用别人，也理应如此。我只不过是选择了那种容易做并且能问心无愧取得报酬的行业。

"唉！我拿着瓦刀到富贵人家干活也有不少年头了。有去过一次，第二次再去的时候，那里就已经变成废墟的；有去过两三次，以后再去，也变成废墟的。问那里的邻居，有的说：'唉！被判刑处死了。'有的说：'本人死了，儿孙保不住产业。'有的说：'死后产业就被官府没收了。'我由此看出，这不就是饱食终日而怠慢职责，因此招致天祸降临的那些人吗？这不就是勉强自己去做才智达不到的事，不管能力才干是否相称，就强行冒进的人吗？这不就是做多了有愧于心的事，明知道不能去做，还强要去做的人吗？这不就是守不住富贵，功劳不大却受了丰厚赏赐的人吗？也许贫富贵贱都有自己的时间，有去有来，不会一成不变的吧？面对这些我心中又不免产生了悲戚怜悯之情，因此我就选择力所能及的事情来做。至于乐于富贵而悲悯贫贱，我和别人又有什么不同？"

他还说："功劳大的人，能使自己享受的东西也就多。妻子儿女都是要靠我一个人来养活，我能力薄浅，功劳微小，所以没有妻儿也是可以的。而且我又是所谓干力气活的，如果成了家而能力不足以养活妻儿，就还得操心。如此便是又劳力又操心，即使是圣人也做不来了。"

我刚开始听他的话的时候还感到迷惑，接着又想了一下，觉得这大概是一位贤者，大概就是人们常说的独善其身的人吧。但我对他还是有所讥议，认为他为自己打算得过多，为他人考虑得过少，难道是学杨朱之道的人吗？杨朱之道，是不肯拔自己一根汗毛而利天下人的。这个人认为有家室是让人操心的事，不肯为养活妻子儿女费一点儿心思，那他岂肯为别人考虑呢？即使是这样，他比起世上那些唯恐得不到利益又唯恐丧失一点儿利益的人，比那些只求满足人生在世的种种欲望，贪婪邪恶而没有道德，因而丢掉性命的人，那可要好得多了！况且他的言论中也有可以让我有所警醒的东西，因此我就为他写了这篇传记文，用来对照、自省。

"赏奇析疑" 谈方法

本文从细微处见真谛，引导读者体察入微，从而增加了文章的深度。文章开篇先略述王承福家业身世，而后展开议论，阐发观点，全借王承福之口说出，深刻的道理由一泥瓦匠人以平白语言说出，让人倍感亲切。王承福侃侃而谈的形貌如在眼前，可谓匠心独运，极尽文字言语之趣。中间部分都是借王承福自家说话，点成无限烟波。文末是作者思索王承福之言，加深议论，虽名为传记，实可当箴言读。

此文夹叙夹议，逐段阐发人世间至理，波澜起伏，却又无嬉笑怒骂之态，真如清夜钟声，令人警醒。

送孟东野序

韩 愈

"知人论世" 聊背景

孟东野即孟郊，中晚唐著名诗人。他一生贫寒，四十六岁才中进士，五十四岁出为溧阳县尉。远离家乡，到一个小县做官，这自然不是得意的事情。韩愈写下这篇文章作为对孟郊的临别赠言，以劝导宽解他。文中充满了对孟郊的同情和对当权者不能任用人才的不满。

"抑扬顿挫" 读原文

大凡物不得其平则鸣。草木之无声，风挠之鸣。水之无声，风荡之鸣。其跃也或激之，其趋也①或梗之②，其沸也或炙之③。金石之无声，或击之鸣。人之于言也亦然，有不得已者而后言，其歌也有思，其哭也有怀。凡出乎口而为声者，其皆有弗平者乎！

乐也者，郁于中而泄于外者也，择其善鸣者而假之鸣。金、石、丝、竹、匏、土、革、木八者，物之善鸣者也。维天之于时也亦然，择其善鸣者而假之鸣。是故以鸟鸣春，以雷鸣夏，以虫鸣秋，以风鸣冬。四时之相推夺，其必有不得其平者乎！

其于人也亦然。人声之精者为言，文辞之于言，又其精也，尤择其善鸣者而假之鸣。其在唐、虞，咎陶、禹④，其善鸣者也，而假以鸣。

夔弗能以文辞鸣⑤，又自假于《韶》以鸣。夏之时，五子以其歌鸣⑥。伊尹鸣殷⑦，周公鸣周⑧。凡载于《诗》《书》六艺，皆鸣之善者也。周之衰，孔子之徒鸣之，其声大而远。传曰："天将以夫子为木铎。"其弗信矣乎？其末也，庄周以其荒唐之辞鸣。楚，大国也，其亡也，以屈原鸣。臧孙辰、孟轲、荀卿⑨，以道鸣者也。杨朱、墨翟、管夷吾、晏婴、老聃、申不害、韩非、慎到、田骈、邹衍、尸佼、孙武、张仪、苏秦之属⑩，皆以其术鸣。秦之兴，李斯鸣之。汉之时，司马迁、相如、扬雄，最其善鸣者也。其下魏、晋氏，鸣者不及于古，然亦未尝绝也。就其善者，其声清以浮，其节数以急，其辞淫以哀，其志弛以肆，其为言也，乱杂而无章。将天丑其德莫之顾邪？何为乎不鸣其善鸣者也？

唐之有天下，陈子昂、苏源明、元结、李白、杜甫、李观，皆以其所能鸣。其存而在下者，孟郊东野始以其诗鸣。其高出魏、晋，不懈而及于古，其他浸淫乎汉氏矣。从吾游者，李翱、张籍其尤也。三子者之鸣信善矣。抑不知天将和其声而使鸣国家之盛邪？抑将穷饿其身，思愁

◎ 孟郊赴任

其心肠，而使自鸣其不幸邪？三子者之命，则悬乎天矣。其在上也，奚以喜？其在下也，奚以悲？东野之役于江南也⑪，有若不释然者，故吾道其命于天者以解之。

"字斟句酌" 查注释

①趋：奔流。②梗（gěng）：阻塞。③炙：烧煮。④唐：即尧。虞：即舜。咎（gāo）陶（yáo）：又称皋陶，相传为舜时掌管刑法的大臣。⑤夔：相传为舜时的乐官。⑥五子：传说是夏王太康的五个弟弟。太康整日游乐，他的五个弟弟便作了《五子之歌》，以表示怨愤和劝诫。⑦伊尹：商代初期的贤相。他曾辅佐商汤伐桀，后来又辅佐汤的孙子太甲。⑧周公：周武王的弟弟，武王死后，他辅佐成王治理朝政。⑨臧孙辰：即春秋时鲁国大夫臧文仲。⑩管夷吾：即管仲，春秋时齐国的贤相，帮助齐桓公成为霸主，著有《管子》。申不害：春秋时郑国人，法家学术的代表，著有《申子》。慎到：战国时赵国人，著有《慎子》。田骈：战国时齐国人，著有《田子》，今已失传。邹衍：战国时齐国人，阴阳家，著有《终始》《大圣》《主运》。尸佼：战国时鲁国人，著有《尸子》。⑪役于江南：孟郊五十岁那年，才做了溧阳县尉，本句即指他前往溧阳赴任。

"古文今解" 看译文

大凡事物失去其固有的平稳状态就会发出声音。草木本身不能发出声音，风去扰动它的时候就会发出声响。水本身不能发出声音，风去激荡它的时候就会发出声响。水的奔腾激跃是由于受到了阻碍，哗哗急流是因为受到了堵塞，沸腾滚开是因为有火在烧煮。金石自己不能发出声音，但敲击它就能鸣响。人与语言之间的关系也是一样，有了不得已的事情然后才张嘴说话，那么他的歌唱也是暗含情思的，他的哭泣也是情深所致。凡是出于口而发为声音的，大概都有不平的原因吧！

音乐，是将郁结在心中的喜怒哀乐抒发出来，选择善于鸣响的东西并且凭借它来发出鸣叫。金、石、丝、竹、匏、土、革、木这八类东西，是器物中善于鸣响的东西。天对于四时也是这样，选择善于鸣响的东西并且凭借它来发出鸣叫。所以春天有鸟鸣，夏天有雷鸣，秋天有虫鸣，冬天有风鸣。四时的推移交替，其中必定有什么不得平衡的地方吧！

对于人来说也是一样。人类声音的精华是语言，文辞对于语言来说，又是语言中的精华，所以尤其选择那些善长文辞的人，借他们来表达心声。在唐尧、虞舜的时代，咎陶、禹是善于鸣的，就凭借他们来鸣。夔不能用文辞来鸣，就借着自己制作的《韶》乐来鸣。夏代的时候，太康的五个兄弟用他们的歌来鸣。伊尹鸣于殷代，周公鸣于周代。凡是记载在《诗》《书》六艺中的，都是鸣得最好的。周朝衰败了，孔子师徒便鸣了起来，他们的鸣声洪大而又长远。《论语》上记载说："天将让夫子成为宣扬教化的人。"这能不相信吗？到了周朝末年，庄周用他那宏大玄虚的文辞来表达思想。楚国，乃是大国，它快要灭亡的时候，就通过屈原的《楚辞》来抒发。臧孙辰、孟轲、荀卿等人，都是用他们的学说来表达思想的。杨朱、墨翟、管夷吾、晏婴、老聃、申不害、韩非、慎到、田骈、邹衍、尸佼、孙武、张仪、苏秦这一类人，都是用他们各自的主张来表达思想的。秦朝兴起时，李斯的作品有代表性。汉朝的时候，司马迁、司马相如、扬雄是其中最善于用文辞表达思想的。下面的魏晋时期，作家的水平不及古代的人，但也从未断绝。就其中优秀者来看，他们的声音清越而浮泛，节奏紧密而急促，文辞靡丽而哀伤，思想空疏而放纵，至于所发表的言论，则是杂乱无章。这莫非是上天憎恶他们的德行而不肯眷顾他们吗？为何不让善于表达的人来表达呢？

唐得天下以来，陈子昂、苏源明、元结、李白、杜甫、李观，都凭他们各自擅长的来表达感情。现在活在世上而地位低下的人物中，孟郊开始用诗歌表达感情。他在诗歌上的成就已经高出了魏、晋时代的文人，其中精妙的已经达到了上古诗歌的水平，其他的作品也接近汉代的水平了。跟我交游的人中，以李翱、张籍最为杰出。这三位先生文辞表达得

实在是很好。但不知道上天是将使他们的声音和谐而让他们来歌颂国家的兴盛呢，还是想使他们挨饿受穷，愁绪满怀，因此歌唱他们自己的不幸呢？这三位先生的命运如何，就完全取决于上天的安排了。他们身居高位，又有什么可喜的？身处下层，又有什么可悲的？东野这次去江南任职，心中好像还有放不下的愁事，所以我跟他讲讲命由天定的道理来宽解他。

"赏奇析疑" 谈方法

　　本篇先写物，再写古人，最后才写到李翱、孟郊、张籍等人，全文句句铺陈，层层递进。文章开头说"大凡物不得其平则鸣"，这是全文的总纲。写物不平则鸣时，举了金石、水、四时等，因为它们都是生活中再寻常不过的事物，使读者感到亲切熟悉。韩愈写这一部分时，笔调舒缓，句式整饬，读起来朗朗上口，音乐的美感顿生。

送董邵南序

韩　愈

"知人论世" 聊背景

　　董邵南是韩愈的好友，他任侠好学，却一生怀才不遇，多次考进士都没有考中，于是想到藩镇割据的河北寻找机遇。在临行之前，韩愈写了这篇文章当作临行前的赠言。文中对友人怀才不遇的处境深表同情，并以委婉精妙的语言劝友人留在长安为朝廷效力。

"抑扬顿挫" 读原文

燕赵古称多感慨悲歌之士①。董生举进士，连不得志于有司，怀抱利器②，郁郁适兹土③，吾知其必有合也④。董生勉乎哉！

夫以子之不遇时，苟慕义强仁者皆爱惜焉，矧燕赵之士⑤，出乎其性者哉！然吾尝闻风俗与化移易，吾恶知其今不异于古所云邪？聊以吾子之行卜之也⑥。董生勉乎哉！

◎ 董邵南将要前往燕赵

吾因之有所感矣。为我吊望诸君之墓⑦，而观于其市，复有昔时屠狗者乎⑧？为我谢曰："明天子在上，可以出而仕矣！"

"字斟句酌" 查注释

①燕：古国名，拥有今河北省北部和辽宁省西端。赵：古国名，拥有今山西北部、河北西部和南部一带。②利器：指杰出的才能。③兹土：这块地方。④合：遇合，指臣子逢到善用其才的君主。⑤矧（shěn）：何况。⑥吾子：古时对人的尊称，可译为"您"。⑦望诸君：即乐毅，战国时的名将，曾经帮助燕国攻下齐国城池七十余座。⑧屠狗者：指高渐离。他曾以屠狗为业，善击筑（乐器名），与荆轲为至交。秦统一六国后，他隐名埋姓给人做酒保。秦始皇闻其善击筑，召他入宫，熏瞎其双目，仍令击筑。他于筑中暗藏铅丸，扑击秦始

皇，不中被杀。

"古文今解"看译文

　　燕、赵一带自古以多慷慨悲歌的豪侠义士著称。董生考进士，一连几次都不能被主考官所赏识，他怀抱着卓越的才能，带着烦闷的心情前往这个地方。我想他此行一定能有所遇合。董生，努力吧！

　　像您这样怀才不遇的人，只要是崇尚道义、力行仁德的人都会对您产生怜惜之情。何况燕、赵一带的豪侠义士，惺惺相惜乃是他们的本性使然呢！然而我也听说风俗是会随着教化的变化而变化的，我怎么能知道那里现今的情况和古时候所说的没有不同呢？那么，姑且以您此行来验证一下吧。董生，努力啊！

　　我因您此次远行而有所感慨。到了那里以后，请代我去凭吊一下望诸君乐毅的墓，然后到集市上去看看，还有没有像从前高渐离那样靠卖狗肉为生的豪侠之士，如果有，就代我致意，告诉他们："如今圣明的天子在位，可以出来为朝廷效力了。"

"赏奇析疑"谈方法

　　本要写送董邵南往河北，却不想让董邵南前往河北，所以必有遇合一层易说，难有遇合一层难说。文章作吞吐之语，曰"吾闻"，曰"恶知"，曰"聊以"，言语模棱，隐约其意，此为妙处。

祭十二郎文

韩 愈

"知人论世" 聊背景

> 　　本篇是韩愈悼念侄子的祭文。十二郎是韩愈次兄韩介之子，过继给韩愈的长兄韩会，在其家族中排行十二。韩愈三岁丧父，由长兄韩会、嫂郑氏抚养，自幼与侄儿十二郎同窗共读，相依相伴，感情很深。韩愈离开家乡出仕做官以后，与十二郎聚少离多，他本打算一切安定下来以后再把侄子接来同住，不料十二郎竟因病离世。韩愈怀着万分沉痛的心情写下了这篇祭文，此文被誉为祭文中的"千年绝调"。

"抑扬顿挫" 读原文

　　年、月、日，季父愈闻汝丧之七日，乃能衔哀致诚，使建中远具时羞之奠①，告汝十二郎之灵：

　　呜呼！吾少孤，及长，不省所怙②，惟兄嫂是依。中年，兄殁南方，吾与汝俱幼，从嫂归葬河阳。既又与汝就食江南，零丁孤苦，未尝一日相离也。吾上有三兄，皆不幸早世。承先人后者，在孙惟汝，在子惟吾。两世一身，形单影只。嫂尝抚汝指吾而言曰："韩氏两世，惟此而已！"汝时尤小，当不复记忆；吾时虽能记忆，亦未知其言之悲也！

　　吾年十九，始来京城。其后四年，而归视汝。又四年，吾往河阳省坟墓，遇汝从嫂丧来葬。又二年，吾佐董丞相于汴州③，汝来省吾，止一岁，请归取其孥④。明年，丞相薨⑤，吾去汴州，汝不果来。是年，吾佐戎徐州⑥，使取汝者始行，吾又罢去，汝又不果来。吾念汝从于东，东亦客也，不可以久。图久远者，莫如西归，将成家而致汝。呜呼！孰谓汝遽去吾而殁乎⑦？吾与汝俱少年，以为虽暂相别，终当久相与处，故舍汝而旅食京师，以求斗斛之禄⑧。诚知其如此，虽万乘之公相，吾不以一日辍汝而就也！

去年，孟东野往，吾书与汝曰："吾年未四十，而视茫茫，而发苍苍，而齿牙动摇。念诸父与诸兄，皆康强而早世，如吾之衰者，其能久存乎？吾不可去，汝不肯来，恐旦暮死，而汝抱无涯之戚也。"孰谓少者殁而长者存，强者夭而病者全乎？呜呼！其信然邪？其梦邪？其传之非其真邪？信也，吾兄之盛德而夭其嗣乎？汝之纯明而不克蒙其泽乎⑨？少者强者而夭殁⑩，长者衰者而存全乎？未可以为信

◎ 韩愈像

也！梦也，传之非其真也，东野之书，耿兰之报，何为而在吾侧也？呜呼！其信然矣！吾兄之盛德而夭其嗣矣！汝之纯明宜业其家者，不克蒙其泽矣！所谓天者诚难测，而神者诚难明矣！所谓理者不可推，而寿者不可知矣！

虽然，吾自今年来，苍苍者或化而为白矣，动摇者或脱而落矣，毛血日益衰，志气日益微，几何不从汝而死也！死而有知，其几何离？其无知，悲不几时，而不悲者无穷期矣。汝之子始十岁，吾之子始五岁，少而强者不可保，如此孩提者，又可冀其成立邪？呜呼哀哉！呜呼哀哉！

汝去年书云："比得软脚病，往往而剧。"吾曰："是疾也，江南之人常常有之。"未始以为忧也。呜呼！其竟以此而殒其生乎？抑别有疾而致

斯乎？

汝之书，六月十七日也；东野云，汝殁以六月二日；耿兰之报无月日。盖东野之使者，不知问家人以月日；如耿兰之报，不知当言月日。东野与吾书，乃问使者，使者妄称以应之耳。其然乎？其不然乎？

今吾使建中祭汝，吊汝之孤与汝之乳母。彼有食可守以待终丧，则待终丧而取以来；如不能守以终丧，则遂取以来。其余奴婢，并令守汝丧。吾力能改葬，终葬汝于先人之兆⑪，然后惟其所愿。

呜呼！汝病吾不知时，汝殁吾不知日，生不能相养以共居，殁不能抚汝以尽哀，敛不凭其棺⑫，窆不临其穴⑬。吾行负神明，而使汝夭。不孝不慈，而不得与汝相养以生，相守以死。一在天之涯，一在地之角，生而影不与吾形相依，死而魂不与吾梦相接，吾实为之，其又何尤！彼苍者天，曷其有极！

自今以往，吾其无意于人世矣！当求数顷之田于伊、颍之上⑭，以待余年。教吾子与汝子，幸其成；长吾女与汝女，待其嫁。如此而已。

呜呼！言有穷而情不可终，汝其知也邪？其不知也邪？呜呼哀哉！尚飨⑮！

"字斟句酌"查注释

①羞：同"馐"，精美的食品。②怙（hù）：依靠。③董丞相：名晋，字混成。时为宣武军节度使，韩愈当时在他的幕下任观察推官。④孥（nú）：妻子和儿女的统称。⑤薨（hōng）：古代对诸侯或有爵位的大官死去称薨。⑥佐戎徐州：指韩愈在徐州任节度推官。⑦遽（jù）：匆忙。⑧斛（hú）：古量器名，十斗为一斛。⑨克：能。⑩殒（yǔn）：死亡。⑪兆（zhào）：墓地。⑫敛：通"殓"。⑬窆（biǎn）：埋葬。⑭伊、颍之上：韩愈的家乡。伊，伊河，在河南西部。颍，颍河，在安徽西北部及河南东部。⑮飨（xiǎng）：祭品。

　　某年某月某日，叔父韩愈在听到你去世消息的第七天，才得以强忍哀痛，倾诉衷肠，派建中从远方备办了应时的佳肴作为祭品，祭告于十二郎的灵前：

　　唉！我很小的时候就成了孤儿，等到长大，不知道该依靠谁，只有兄嫂能够相依。哥哥才到中年就客死南方，那时我和你都还年幼，跟随嫂嫂把哥哥归葬在河阳。后来又和你到江南谋生，零丁孤苦，不曾有一天分开啊。我上面有三个哥哥，都不幸早逝。能继承先人而作为后嗣的，在孙子辈中只有你，在儿子辈中只有我。子孙两代各剩一人，真是形单影孤啊。嫂嫂曾经一手抚着你，一手指我说："韩家两代人，就只剩你们两个了！"你当时比我更小，应当是不会记得了；我当时虽然能记事了，但并不能明白嫂嫂的话中蕴含着多少的悲凉啊！

　　我十九岁那年，才初次来到京城。过了四年，我回去看过你。又过了四年，我前往河阳祖坟凭吊，碰上你护着嫂嫂的灵柩前来安葬。又过了两年，我在汴州做董丞相的助手，你来探望我，住了一年，便要求回去接妻儿。第二年，董丞相去世，我离开汴州，你没有来成。这一年，我到徐州协理军务，派去接你的人刚动身，我又离职，你又没能来成。我思忖着，就算你跟着我到东边来，也是客居在这里，不是长久之计；如果从长远打算，不如等我回到西边，先安好家然后再接你过来。唉！谁能料到你突然离开我而死去了呢？当初我和你都年轻，以为尽管暂时分别，终会长久地住在一起，所以我才丢下你跑到京城来求取功名，以求微薄的俸禄。要是早知道会是这样的结果，即使是做极为尊贵的宰相公卿，我也不会有一天离开你而去就任啊！

　　去年，孟东野到你那边去，我捎信给你说："我虽然还不到四十岁，可是视力已经模糊，头发已经斑白，牙齿也有松动的了。想到我的叔伯父兄都是身体强健但却早早地死去，像我这样身体衰弱的人，能活得长久吗？我离不开这里，你又不肯前来，我是深恐有朝一日我撒手人寰，你就将陷入无边无际的悲哀。"谁知年轻的先死去了而年长的还活着，强健的夭折而病弱的却保全了呢？唉！这是真的吗？是做梦呢，还是传来的消息不真呢？如果是真的，我哥哥美好的德行反而会使他的儿子短命吗？像你这样的纯正聪明却不能承受先人的恩泽吗？为什么年轻的、强健的反而夭折，年长的、衰弱的反而保全呢？这真是让人不能相信啊！如果是在做梦，是传来的消息不真实，可是，东野的书信，耿兰的报丧，为什么又在我的身边呢？唉！这是真的啊！我哥哥品行美好而他的儿子却夭折了！你纯正聪明，最适合继承家业，却不能承受先人的恩泽了！这就是所谓的天命实难预测，神旨实难明白呀！所谓的天理没法推究，寿命的长短不能预知呀！

虽然如此，我自今年以来，斑白的头发已经变成全白了，动摇的牙齿有的已经脱落了，身体愈加衰弱，精神日益衰减，没有多久也要随你同去了！如果你地下有知，那我们的分离又还能有多久呢？如果你长眠地下，不再有任何的知觉，那我也就悲伤不了多少时日，而不悲伤的日子倒是无穷无尽啊！你的儿子刚十岁，我的儿子刚五岁，年轻而强健的尚不能保全，像这样的小孩子，又能期望他们长大成人吗？唉！实在可悲啊！实在可悲啊！

你去年来信说："近来得了软脚病，时常发作得厉害。"我回信说："这种病，江南的人常常有。"并未因此而开始忧虑。唉！难道这种病竟然夺去了你的生命吗？还是另有疾病而导致如此的结局呢？

你的信，是六月十七日写的；东野来信说，你死于六月二日；耿兰报丧没有说过世的日期。大约东野的使者没有想到要向家人问明死期；耿兰报丧，不知道要讲明死期。东野写信给我，才问使者，使者就信口编了一个应付。是这样吗？还是不是这样呢？

如今我派建中去祭奠你，慰问你的儿子和你的乳母。他们如果有粮食可以守丧到丧期终了，就等到丧满以后再把他们接过来；如果无法守到丧期终了，那我现在就把他们接过来。其余的奴婢，就让他们为你守丧吧。等到我有能力改葬你的时候，一定把你的灵柩迁回到祖先的墓地安葬，这样做了，才算了却我的心愿。

唉！你生病我不知道是什么时候，你死了我不知道是哪个日子，健在的时候不能互相照顾、同住一起，你死以后不能抚摸你的遗体来表达我的哀思，入殓的时候不能紧靠你的棺木扶灵，下葬的时候不能亲临你的墓穴。我的德行有负于神灵，因而使你夭折。我对上不能孝顺，对下不能慈爱，因而不能和你互相照顾以为生，相依相守直至死。一个在天涯，一个在地角，活着的时候你的影子不能与我的身形相依，死去之后你的灵魂又不曾来到我的梦中，这实在都是我造成的，还能怨谁呢！茫茫无际的苍天啊，我的悲痛哪里有尽头！

从今以后，我对人世没有什么可留恋的了！应当在伊水、颍水旁边买几顷田，打发我剩余的时光。教育我的儿子和你的儿子，期望他们长大成才；抚养我的女儿和你的女儿，等待她们受聘出嫁。如此而已。

唉！话有说尽的时候，而感情却没有终止的地方，你是知道呢，还是什么都不知道了呢？唉！悲哀呀！请享用我的祭品吧！

 **"赏奇析疑"谈方法**

这篇文章以追忆往昔与十二郎的一点一滴为主线，中间夹杂着作者的无限哀思和沉痛之情，文字曲折反复，一切语言皆发自肺腑。文章语气助词极多，自"其信然邪"以下，至"几何不从汝而死也"一段，仅三十句，句尾连用"邪"字者三，连用"乎"字者三，连用"也"字者四，连用"矣"字者七，蕴含无限凄切，堪称祭文中的千古绝调。

捕蛇者说

柳宗元

　　柳宗元被贬为永州司马后，发现很多地方百姓靠捕蛇为生，其中有很多人因此而丧命。这篇文章通过一个姓蒋的捕蛇者的自述，道出了他自己一家犯险捕蛇的缘由：为了躲避官家繁重的赋役。本文从侧面反映了中唐社会的黑暗，表达了对生活在水深火热中的贫苦百姓的同情。

"抑扬顿挫" 读原文

　　永州之野产异蛇①，黑质而白章。触草木尽死，以啮人，无御之者。然得而腊之以为饵②，可以已大风、挛踠、瘘、疬③，去死肌，杀三虫④。其始，太医以王命聚之，岁赋其二，募有能捕之者，当其租入，永之人争奔走焉。

有蒋氏者，专其利三世矣。问之，则曰："吾祖死于是，吾父死于是，今吾嗣为之十二年，几死者数矣。"言之，貌若甚戚者。

余悲之，且曰："若毒之乎？余将告于莅事者⑤，更若役，复若赋，则何如？"蒋氏大戚，汪然出涕曰："君将哀而生之乎？则吾斯役之不幸，未若复吾赋不幸之甚也！向吾不为斯役，则久已病矣。自吾氏三世居是乡，积于今六十岁矣，而乡邻之生日蹙，殚其地之出，竭其庐之入，号呼而转徙，饥渴而顿踣⑥，触风雨，犯寒暑，呼嘘毒疠，往往而死者相藉也。曩与吾祖居者⑦，今其室十无一焉；与吾父居者，今其室十无二三焉；与吾居十二年者，今其室十无四五焉，非死则徙尔，而吾以捕蛇独存。悍吏之来吾乡，叫嚣乎东西，隳突乎南北⑧，哗然而骇者，虽鸡狗不得宁焉。吾恂恂而起⑨，视其缶，而吾蛇尚存，则弛然而卧。谨食之，时而献焉。退而甘食其土之有，以尽吾齿。盖一岁之犯死者二焉，其余则熙熙而乐，岂若吾乡邻之旦旦有是哉！今虽死乎此，比吾乡邻之死则已后矣，又安敢毒邪？"

余闻而愈悲。孔子曰："苛政猛于虎也。"吾尝疑乎是，今以蒋氏观之，犹信。呜呼！孰知赋敛之毒，有甚是蛇者乎！故为之说，以俟夫观人风者得焉⑩。

"字斟句酌"查注释

①永州：治所在今湖南永州市。②腊（xī）：风干。饵：药饵。③挛（luán）踠：肢体僵曲。瘘（lòu）：脖颈肿大的病。疠（lì）：恶疮，麻风。④三虫：寄生虫。⑤莅（lì）：管理。⑥顿踣（bó）：劳累得跌倒在地上。⑦曩（nǎng）：从前。⑧隳（huī）突：破坏，骚扰。⑨恂恂（xún）：小心谨慎的样子。⑩人风：应作"民风"，为了避唐太宗李世民的讳，"民"字改为"人"字。

　　永州的郊野出产一种奇异的蛇，黑色的身体，白色的斑纹。它碰到草木，草木全要死掉；咬了人，就没有医治的办法。但把它捉了来，风干之后制成药饵，却可以治好麻风、肢体僵硬、脖子肿和癞疮等恶性疾病，还可以消除坏死的肌肉，杀死人体内的寄生虫。起初，太医奉皇帝的命令征集这种蛇，每年征收两次，招募能捕捉它的人，用蛇抵应缴的税赋。永州的老百姓都争着去干这件差事。

　　有个姓蒋的人家，专享这种捕蛇抵税的好处有三代了。我问他，他却说："我爷爷死在捕蛇上，我父亲死在捕蛇上，我接着干这件差事已经十二年了，有好几次险些送了命。"说这话的时候，表情似乎显得很悲伤。

　　我同情他，并且说："你怨恨这件差事吗？我打算告诉主管这事的人，免掉你这件差事，恢复你的赋税，你认为怎么样？"蒋氏听了更显悲苦，眼泪汪汪地说："您想可怜我，让我活下去吗？可我干这件差事的不幸，还不像恢复我缴税的不幸那么厉害啊！要是我不干这件差事，那早就困苦不堪了。从我家祖孙三代定居在这个村子，算起来，到现在有六十年了，乡邻们的生活一天比一天困苦，他们缴光

◎ 柳宗元像

地里的出产，缴光家里的收入，哭号着四处逃亡，又饥又渴跌倒在地，顶着狂风暴雨，冒着严寒酷暑，呼吸着有毒疠瘴气，常常是死者一个压着一个。从前跟我爷爷住一块儿的，如今这些人家十户中连一户也没有了；跟我父亲住一块儿的，十户中没剩下两三户；跟我一块儿住了十二年的人家中，如今十户中也不到四五户了。不是死光就是逃荒去了。可是我却靠着捕蛇而独自活了下来。凶悍的官吏一到我们村子来，就到处

乱闯乱嚷，吓得人们哭天喊地，甚至连鸡狗也不得安宁啊。我提心吊胆地爬起身来，看看那瓦罐子，我的蛇还在里面，这才安心地睡下。我小心地喂养它，到了时候把它交上去。回来后，就可以香甜地吃着我地里出产的东西，来过完我的余年。大约我一年里冒生命危险只有两次，其余的时间却能舒舒坦坦地过日子，哪里像我的邻居们天天都受到死亡的威胁呢！如今即使死在捕蛇上，比起我那些死去的乡邻已经是死得晚的了，又怎么敢怨恨这件差事呢？"

我听了这些话而愈加感到悲痛。孔子说："横征暴敛比老虎还要凶狠啊。"我曾经怀疑过这句话，现在从蒋氏的遭遇来看，才相信了。唉！谁能想到横征暴敛的毒害比这种毒蛇还要厉害呢！所以我为此事写了这篇文章，留待那些考察民情的人参考。

"赏奇析疑" 谈方法

冒死捕毒蛇，认为是幸运之事；复其赋役，反认为是极大的灾难，足见苛政之残酷。文情抑扬起伏，宛转斡旋，蛇之毒、赋敛之毒俱从捕蛇者口中说出，无限悲凉凄婉，真切动人。篇末引孔子语作证，用"孰知"句点题，立言之巧，结构之精，正是小文章有大议论。

种树郭橐驼传①

柳宗元

"知人论世" 聊背景

　　唐朝自安史之乱发生后，元气大伤，老百姓的赋税负担很重。柳宗元认为，要想开创中兴局面，唯有与民休息，于是他写下了这篇寓言式的传记散文。它的主人公是善于种树的郭橐驼。在文中，柳宗元介绍了郭橐驼的事迹和种树之道，提出"顺木之天，以致其性"的道理。本文其实是以郭橐驼种树暗喻统治者与百姓的关系，柳宗元在文末点明了主旨，即为政之道在于顺乎自然，不要用繁重的政令扰民，这样国家才会恢复元气。

"抑扬顿挫" 读原文

　　郭橐驼，不知始何名，病偻，隆然伏行，有类橐驼者，故乡人号之"驼"。驼闻之曰："甚善，名我固当。"因舍其名，亦自谓"橐驼"云。其乡曰丰乐乡，在长安西。驼业种树，凡长安豪家富人为观游及卖果者，皆争迎取养。视驼所种树，或迁徙，无不活，且硕茂，蚤实以蕃。他植者虽窥伺效慕，莫能如也。

　　有问之，对曰："橐驼非能使木寿且孳也，能顺木之天②，以致其性焉尔③。凡植木之性，其本欲舒，其培欲平，其土欲故，其筑欲密。既然已，勿动勿虑，去不复顾。其莳也若子④，其置也若弃。则其天者全而其性得矣。故吾不害其长而已，非有能硕茂之也，不抑耗其实而已，非有能蚤而蕃之也。他植者则不然，根拳而土易，其培之也，若不过焉则不及。苟有能反是者，则又爱之太殷，忧之太勤，且视而暮抚，已去而复顾，甚者爪其肤以验其生枯，摇其本以观其疏密，而木之性日以离矣。虽曰爱之，其实害之；虽曰忧之，其实仇之。故不我若也。吾又何能为哉！"

问者曰："以子之道，移之官理可乎？"驼曰："我知种树而已，官理非吾业也。然吾居乡，见长人者好烦其令，若甚怜焉，而卒以祸。且暮吏来而呼曰：'官命促尔耕，勖尔植⑤，督尔获，蚤缲而绪⑥，蚤织而缕，

字而幼孩⑦，遂而鸡豚⑧。'鸣鼓而聚之，击木而召之。吾小人辍飧饔以劳吏者⑨，且不得暇，又何以蕃吾生而安吾性邪？故病且怠。若是，则与吾业者其亦有类乎？"

问者嘻曰："不亦善夫！吾问养树，得养人术。"传其事以为官戒也！

"字斟句酌"查注释

①橐（tuó）驼：即骆驼。②天：天性。③致：尽。④莳（shì）：种植，移栽。⑤勖（xù）：勉励。⑥缫（sāo）：抽茧出丝。⑦字：养育。⑧遂：成长。⑨辍：停止。飧（sūn）：晚饭。饔（yōng）：早饭。

"古文今解"看译文

郭橐驼这个人，不知道他原名叫什么，他患有伛偻病，整天驼着背，脸朝着地行走，就像骆驼一样，所以乡里人给他取了个"驼"的外号。橐驼听到后说："很不错，用这个名字称呼我很恰当。"因此他竟然放弃了原名，也自称"橐驼"。他的家乡叫丰乐乡，在长安城西边。郭橐驼以种树为生，凡是长安那些栽种树木以供玩赏的豪富人家，以及那些种植果树靠卖水果为生的人，都争着召请雇佣他。平日里看那橐驼所种的树，即使是移植的，也没有不成活的，而且长得高大茂盛，果实往往结得又早又多。别的种树人虽然暗中观察模仿，也没有谁能比得上他的。

有人问他其中的奥秘，他回答说："橐驼并不能使树木活得长久和旺盛繁殖，只是能顺应树木的天性，让它按照自己的本性生长罢了。树木的本性是它需要根能得以舒展，它需要培土均匀，它喜欢已经习惯了的土壤，四周的土要培结实。这样做了之后，就不要再去动它，也不必去为它操心，种好后可以连头也不回地离开。栽种时要像抚育子女一样的细心，种完后要像把它丢弃了一样地不再照看。这样它的天性才能得以保全，它也会按照自己的本性健康成长。所以我只不过是不妨害它生长罢了，并不是能使它长得高大茂盛；只不过是不抑制延缓它果实的生长罢了，并不是能使它的果实结得又早又多。别的种树人就不是这样，他们种树时没有让树根得以伸展，又让它离开了已经习惯了的土壤。他们培土，不是土多了就是土不够。如果有能不同于这样种植的，则又爱护得过分，总是想着它，早晨去看看，晚上去摸摸，离开之后又跑来看一下，更有甚者竟然抓破树皮来验查它是死是活，摇动根株来观察栽得是松是紧，这样的话，树木就会一天天地偏离它生长的本性了。这些人虽说是爱它，其实是害它；虽说是担心它，其实是与它为敌。所以他们种树都比不上我，其实我又有什么特殊能耐呢？"

问的人说："把你种树的道理，转用到做官治理百姓上，可以吗？"橐驼说："我只知道种树而已，做官治理百姓不是我的职业。但是我住在乡里的时候，看见那些当官的喜好颁布繁多琐碎的命令，好像很怜惜老百姓，结果却给百姓们带来灾祸。早晚都有差役跑来大喊：'长官命令，催促你们耕地，鼓励你们种植，督促你们收割，早些缫你们的丝，早些织你们的布，抚养好你们的小孩，喂大你们的鸡和猪。'时不时地敲起鼓将大家聚到一起，打着梆子将大家招来。我们这些小老百姓，就算晚饭和早饭都不吃而去招待那些差役都忙不过来，又怎能使我们人丁兴旺、生活安定呢？所以我们才如此贫困且疲惫。这样的官吏，与我的同行大概也有一些相似之处吧？"

问的人说："这不是很好吗！我问种树，却得到了治理百姓的方法。"于是，我把这件事记载下来，作为官吏们的鉴戒。

"赏奇析疑"谈方法

本文开头先说明郭橐驼的身世，"甚喜，名我固当"一句反映了他随遇而安、顺其自然的特点，也为下文做好了铺垫。二、三两段是重点。

第二段一正一反说明种树的道理，也就是"顺木之天，以致其性"。随后柳宗元以"官理"引入正题，借种树的道理写为官之道。此文重在"既然""反是"两处转笔上，前后一虚一实，一宾一主，前提后应。

钴鉧潭西小丘记 ①

柳宗元

"知人论世" 聊背景

> 柳宗元因为支持新政，被贬到永州做司马。在永州任上，柳宗元职务清闲，常常寄情于山水，写下了不少富有闲情逸致的诗文，其中就有著名的"永州八记"。八篇游记既有关联，又能独立成篇，这篇文章就是"永州八记"其中的一篇。在文中，柳宗元介绍了小丘的位置、丘上的怪石景观，并在观景时发现不少乐趣。结尾处柳宗元对这座小丘曾经遭闲置表示感叹，抒发了自己遭贬黜、怀才不遇的苦闷。

"抑扬顿挫" 读原文

　　得西山后八日，寻山口西北道二百步，又得钴鉧潭。西二十五步，当湍而浚者为鱼梁 ②。梁之上有丘焉，生竹树。其石之突怒偃蹇 ③，负土而出，争为奇状者，殆不可数。其嵚然相累而下者 ④，若牛马之饮于溪；其冲然角列而上者，若熊罴之登于山。

　　丘之小不能一亩，可以笼而有之。问其主，曰："唐氏之弃地，货而

165

不售⑤。"问其价，曰："止四百。"余怜而售之。李深源、元克己时同游，皆大喜，出自意外。即更取器用，铲刈秽草，伐去恶木，烈火而焚之。嘉木立，美竹露，奇石显。由其中以望，则山之高，云之浮，溪之流，鸟兽之遨游，举熙熙然回巧献技，以效兹丘之下⑥。枕席而卧，则清泠之状与目谋⑦，潆潆之声与耳谋⑧，悠然而虚者与神谋，渊然而静者与心谋。不匝旬而得异地者二⑨，虽古好事之士，或未能至焉！

噫！以兹丘之胜，致之沣、镐、鄠、杜⑩，则贵游之士争买者，日增千金而愈不可得。今弃是州也，农夫渔父过而陋之，价四百，连岁不能售。而我与深源、克己独喜得之，是其果有遭乎⑪？书于石，所以贺兹丘之遭也。

"字斟句酌" 查注释

① 钴（gǔ）铒（mǔ）潭：潭水名，因潭的形状像熨斗而得名。钴，熨斗。② 浚（jùn）：深。鱼梁：筑堰拦水捕鱼的一种设施。③ 偃（yǎn）蹇（jiǎn）：形容山石错综盘踞的样子。④ 嵌（qīn）然：高耸的样子。⑤ 货而不售：指卖而卖不出去。⑥ 效：献出。⑦ 清泠（líng）：清澈凉爽。⑧ 潆（yíng）潆：水流声。⑨ 不匝（zā）：不满。⑩ 沣（fēng）、镐、鄠（hù）、杜：都是长安附近的地名。⑪ 遭：运气。

"古文今解" 看译文

寻得西山后的第八天，沿着山口向西北走上二百步，又发现了钴铒潭。潭西二十五步远，那水深流急的地方是鱼梁。鱼梁上有个小土丘，上面生长着竹子树木。小丘上的岩石，突起耸立，起伏错杂，好像是从地下拱出来的一样，它们争着做出各种奇形怪状，多得数不清。那些后高前低重叠着延伸向下的，就像牛马在溪边饮水；那些猛然前突，像兽角一样排列向上的，就像熊罴向山上攀登。

　　小丘不足一亩，似乎可以把它装在一个小笼子里。我问小丘的主人关于小丘的情况，他回答说："这是姓唐的人家的弃地，想卖却卖不出去。"我问他价格，他回答说："只四百金。"我怜惜小丘而买下了它。当时李深源、元克己二人与我同游，都喜出望外，觉得是意想不到的收获。当下我们便轮流拿来各种工具，铲除杂草，砍掉难看的树木，并放火将它们烧掉。于是美好的树木挺立出来，秀美的竹林露出本来的容颜，奇异的山石也凸现出各自的面貌。从小丘中央向四外望去，只见山峰高峻，云彩飘浮，溪水清流，鸟兽遨游其间，万物都快乐地呈现出巧妙的姿态，献出各自的技艺，在小丘之下表演着。铺开席子卧在上面，山水清凉明爽的状貌映入眼帘，潺潺的流水声又传入耳中，悠远空阔的天空撩动遐思，幽深静谧的环境与心灵相合。我不满十天就寻得了两处胜景，即使是古代喜欢游历的人，也未必能做到这样啊！

　　唉！以小丘这样的美景，如果把它放到长安附近的沣、镐、鄠、杜等地，那么，爱好游乐的贵族富人们一定是争相购买，它的身价也会日增千金却越发不能购得。现在它被废弃在这永州，农人渔夫经过而对它不屑一顾，价钱只有四百金，却多年卖不出去。而我与深源、克己偏偏是因为得到了它而欣喜，这小丘是注定有这样的运气吗？我将这些写在石头上，用来庆贺这座小丘的好运气。

"赏奇析疑" 谈方法

　　本文以物喻人，小丘指的就是遭贬后的柳宗元。这座小丘周围虽然景致美妙，但遭人闲置已久，这就好比自己空有一身抱负，却不为朝臣所容，以致被贬永州。此文虽然没有一字写到自己，但作者怀才不遇的苦闷表露无遗。文托物而感遇，作者于眼前景幻出奇趣，于奇趣中生出静机。笔力之峭厉，体物之工妙，绝非庸手所能及。

小石城山记

柳宗元

"知人论世" 聊背景

> 本文是"永州八记"中的第八篇，在文中，作者描绘了小石城的地形、景色，感叹这样美好的景致却被造物主安置在偏僻的蛮荒之地。文章借景抒情，表现了自己怀才不遇的苦闷。

"抑扬顿挫" 读原文

自西山道口径北，逾黄茅岭而下，有二道。其一西出，寻之无所得；其一少北而东，不过四十丈，土断而川分，有积石横当其垠①。其上为睥睨梁欐之形②，其旁出堡坞，有若门焉。窥之正黑，投以小石，洞然有水声，其响之激越，良久乃已。环之可上，望甚远，无土壤而生嘉树美箭③，益奇而坚。其疏数偃仰，类智者所施设也。

噫！吾疑造物者之有无久矣。及是，愈以为诚有。又怪其不为之于中州，而列是夷狄，更千百年不得一售其伎，是固劳而无用。神者傥不宜如是，则其果无乎？或曰："以慰夫贤而辱于此者。"或曰："其气之灵，不为伟人，而独为是物。故楚之南少人而多石。"是二者，余未信之。

"字斟句酌" 查注释

①垠：边界。②睥（pì）睨（nì）：城上的矮墙。梁栭（lì）：栋梁。③箭：小竹子。

"古文今解" 看译文

从西山路口一直往北，越过黄茅岭下去，有两条路。一条向西，沿着这条路寻去，一无所获；另一条路稍微偏北又向东伸展，往前不过四十丈，土地断裂，中间被一条河流分开，有一个由积石构成的小山冈横立在河岸上。山的上面有石块垒积，好像城上的矮墙，又像一座座小房屋，山冈的旁边，耸出一座天然的石堡，石堡上还有一道像门的洞口。向里面望，黑漆漆的，扔一块小石头进去，听到"扑通"一声的水响，那回声激扬清越，隔了许久才消失。绕着小山环行而上便可以到达它的顶部，在那里能望见很远的地方。这里虽然没有土壤，却生长着嘉树美竹，显得格外的奇异坚挺。竹木的疏密高低恰到好处，好像是有智慧的人精心设计的。

啊！我怀疑造物主的有无已经很久了。到了这里，越发相信真的是有的。但又奇怪它为什么不把这些景物造在中原，却安放在这夷狄的蛮荒之地。这样恐怕经历了千百年也不能向人们一展它们的美好姿态和技艺，这实是劳而无功啊。造化神明好像不应该干这样的事，那么它果真是不存在的吗？有人说："把景致安放在这里是用来安慰那些被贬官到此地的贤人的。"又有人说："天地间的灵秀之气不造就伟人，却独独钟情于物类。所以楚地的南部少人才而多奇石。"这两种说法，我都不相信。

"赏奇析疑" 谈方法

柳宗元笔下的景色细致、恬静，这跟他自然平淡的文字有关，如

"窥之正黑"及以下五句描写投石闻水声的场景，虽然只用了二十余字，却给读者带来了视觉、听觉和触觉上的冲击，一幅静谧柔和的画卷立时展现在读者面前。柳宗元的造景之语可谓绝妙。

黄冈竹楼记①

王禹偁

"知人论世" 聊背景

王禹偁是宋初名臣，他敢于直谏言事，仕途较为坎坷。宋真宗咸平二年（999），他被贬为黄州刺史。他在黄州修建了两座竹楼，楼成后写作此文。文章主要记了竹楼的景致，自己登楼玩赏时的种种乐趣，表现了自己在谪居中寓情山水、豁达自适、随遇而安的生活态度。

"抑扬顿挫" 读原文

黄冈之地多竹，大者如椽，竹工破之，刳去其节②，用代陶瓦，比屋皆然，以其价廉而工省也。

子城西北隅，雉堞圮毁③，蓁莽荒秽。因作小楼二间，与月波楼通。远吞山光，平挹江濑④，幽阒辽夐⑤，不可具状。夏宜急雨，有瀑布声；冬宜密雪，有碎玉声。宜鼓琴，琴调和畅；宜咏诗，诗韵清绝；宜围棋，子声丁丁然；宜投壶⑥，矢声铮铮然。皆竹楼之所助也。

公退之暇，被鹤氅衣，戴华阳巾⑦，手执《周易》一卷，焚香默坐，消遣世虑。江山之外，第见风帆沙鸟、烟云竹树而已。待其酒力醒，茶烟歇，送夕阳，迎素月，亦谪居之胜概也。

彼齐云、落星，高则高矣；井干、丽谯 ⑧，华则华矣。止于贮妓女，藏歌舞，非骚人之事，吾所不取。

吾闻竹工云："竹之为瓦，仅十稔 ⑨，若重覆之，得二十稔。"噫！吾以至道乙未岁，自翰林出滁上；丙申，移广陵 ⑩；丁酉，又入西掖 ⑪；戊戌岁除日，有齐安之命 ⑫；己亥闰三月，到郡。四年之间，奔走不暇，未知明年又在何处，岂惧竹楼之易朽乎？后之人与我同志，嗣而葺之 ⑬，庶斯楼之不朽也。

"字斟句酌" 查注释

① 黄冈：地名，在今湖北黄冈。② 刳（kū）：剖，挖空。③ 雉（zhì）堞（dié）：古代城墙上掩护守城人用的矮墙。④ 挹（yì）：汲取，舀。江濑（lài）：流过沙石的浅水。⑤ 阒（qù）：寂静。敻（xiòng）：远。⑥ 投壶：古时的一种游戏，把箭投入壶中，按投中的多少分胜负。⑦ 华阳巾：道士戴的一种帽子。⑧ 齐云、落星：与下文的"井干、丽谯（qiáo）"都是有名的华丽楼阁。⑨ 稔（rěn）：庄稼成熟。庄稼一年一熟，故古人称一年为一稔。⑩ 广陵：今江苏扬州。⑪ 西掖：指中书省。⑫ 齐安：即黄州，宋朝以黄州为齐安郡，治所在今湖北黄冈。⑬ 嗣：接续。葺（qì）：修缮。

"古文今解" 看译文

黄冈地区盛产竹子，大的竹子像椽子那样粗。竹工破开它，削去竹节，用来代替陶瓦，家家户户都用它盖房子，因为它便宜而且省工。

黄冈子城西北角的城垛子都塌毁了，野草丛生，荒芜污秽。我清理了那里，盖了两间小竹楼，与月波楼互相连通。登上竹楼，远山的风光尽收眼底，平望出去，能看到江中的浅水流沙，那幽静寂寥、高远空阔的景致，实在无法一一描绘出来。夏天适宜听急雨，雨声有如瀑布之飞流直下；冬天适宜听密雪，雪花坠落发出玉碎之声。适宜抚琴，琴声和畅悠扬；适宜吟诗，诗韵清新绝俗；适宜下棋，棋子落盘有丁丁清响；适宜投壶，箭入壶中铮铮动听。这些美妙的声音，都是因为竹楼才得以听到。

公事办完后的闲暇时间里，披着鹤氅衣，戴着华阳巾，手持一卷《周易》，焚香默坐，驱散尘世中的种种杂念。除了水色山光之外，只见到风帆沙鸟、烟云竹树罢了。等到酒意退去，煮茶的烟火熄灭，便送走夕阳，迎来皓月，这正是谪居生活的快乐之处啊。

那齐云楼、落星楼，高是很高了；井幹楼、丽谯楼，华丽是很华丽了。但它们只不过是用来蓄养妓女和能歌善舞的人罢了，这不是诗人应做的事，是我所不屑去做的。

我听竹工说："竹子做屋瓦，只能用十年，如果覆盖两层竹瓦，可以用二十年。"唉！我在至道乙未那一年，由翰林学士而贬到滁州；丙申年，调到扬州；丁酉年，又到中书省任职；戊戌年的除夕，奉命调到齐安；己亥年闰三月，才到了齐安郡城。四年之中，奔走不停，还不知道明年又在何处，难道还会怕竹楼容易朽坏吗？希望后来的人跟我志趣相同，能继我之后接着修整它，或许这座竹楼就永远不会朽坏了吧。

"赏奇析疑"谈方法

本篇重在写景、叙事，并于其中表达作者的生活情趣。王禹偁的景物描写堪称一绝，他所写的竹楼及周围景色，有清远拔俗的意境，它忽而高远，忽而清幽，变幻起伏之间，囊括全景。此外，作者在景致描写的基础上，微微掺杂自己的感受，"夏宜急雨"一句，是作者将竹楼之景投映到周围环境中所得的感念，只不过这一感念由视觉转为听觉，使得竹楼既有景色美，又有音韵美，这是通感的写法。吴楚材、吴调侯评价此文说："冷淡萧疏，无意于安排措置，而自得之于景象之外……起结摇曳生情，更觉蕴藉。"

本文还有一个特点，那就是多用四言句。四言句是一种短句结构，有冲淡萧散的特点，对于表现清明超脱的情调帮助很大。这种形式又跟本篇里所写的清幽景色、闲适生活相搭配，二者相互映衬，使文章富有形式美和内容美，从而烘托出了本文的意境之美。

严先生祠堂记

范仲淹

"知人论世" 聊背景

　　严先生本姓庄，名光，字子陵，是光武帝刘秀的同学。光武帝钦佩他的才能，在登基为帝后，征召严先生入朝做谏议大夫。严先生没有接受官职，而是回睦州富春山隐居起来，耕田为生，垂钓为乐，深为时人称颂。严先生死后，睦州百姓为纪念他，年年向他祭祀。北宋中期，范仲淹当了睦州知州，他为严先生修建了一座祠堂，并作了这篇记文。本文通过写严先生婉拒光武帝的邀请，隐居田园山林，赞扬了严先生不慕荣利的崇高品质和光武帝刘秀礼贤下士的博大胸襟。

"抑扬顿挫" 读原文

　　先生，光武之故人也，相尚以道。及帝握《赤符》①，乘六龙②，得圣人之时，臣妾亿兆，天下孰加焉？惟先生以节高之。既而动星象③，归江湖，得圣人之清，泥涂轩冕，天下孰加焉？惟光武以礼下之。

在《蛊》之上九，众方有为，而独"不事王侯，高尚其事"，先生以之；在《屯》之初九，阳德方亨，而能"以贵下贱，大得民也"，光武以之。盖先生之心，出乎日月之上；光武之量，包乎天地之外。微先生不能成光武之大④，微光武岂能遂先生之高哉？而使贪夫廉，懦夫立，是大有功于名教也。

仲淹来守是邦，始构堂而奠焉。乃复为其后者四家，以奉祠事，又从而歌曰："云山苍苍，江水泱泱。先生之风，山高水长。"

"字斟句酌" 查注释

①《赤符》：指公元25年，儒生彊华献上《赤伏符》，预言刘秀将会做皇帝。②六龙：天子车驾的代称。③动星象：光武帝刘秀曾把严子陵请到宫中叙旧，还与严子陵同榻而卧。严子陵在睡梦中把脚搁到了刘秀的肚皮上。第二天观察天象的太史上奏，说是昨夜客星犯帝座甚急。④微：没有。

"古文今解" 看译文

严先生，是光武帝的老朋友。两个人以道义而相互推崇。到了光武帝得到《赤伏符》的祥瑞，乘着天子的车驾，得到了圣人奉行天道

◎ 严先生祠堂

的时机，统治着亿万的臣民，普天之下有谁能超过他？只有先生凭着自己的节操而高出其上。后来先生因为与光武帝交情甚密而震动了天上的星象，先生于是退隐江湖，达到了圣人清高脱俗的境界。先生视名禄如粪土，普天之下又有谁能超过他？只有光武帝能够以礼节与他相交。

《易经》上《蛊》卦"上九"爻，正当其他各爻都正在有所作为的时候，这一爻却偏偏是"不事奉王侯，保持自己品德的高尚"，先生就是这样做的。《易经》上《屯》卦的"初九"一爻，表示阳德正在亨通，因而能"以尊贵之身礼遇卑贱的人，大得民心"，光武帝正是这样做的。所以先生的高尚情操，比日月还要高；光武帝的宽阔胸襟，能包容大到天地之外的事物。没有先生，就不能成就光武帝气量的宏大；没有光武帝，又怎能促成先生的高尚节操？先生的作为让贪婪的人变得廉洁，让怯懦的人变得自强自立，这真是对礼教的莫大功劳啊！

我到本州任职后，才建造了祠堂来祭奠先生。然后又免除了先生后代子孙四家的赋役，让他们专心管理祭祀的相关事宜，还因此作了歌颂扬道："云与山莽莽苍苍啊，江水浩浩荡荡。先生的高风亮节啊，如山高，如水长！"

"赏奇析疑"谈方法

这篇文章虽说重点写的是严先生，但文中说严先生的地方，几乎句句都有光武帝与之对照，如"盖先生之心，出乎日月之上；光武之量，包乎天地之外"一句，写光武帝的量大，其实是衬托严先生的格调高。此文字少意多，文简理详，有节节相生之妙。

岳阳楼记

范仲淹

"知人论世" 聊背景

　　范仲淹是北宋名臣，在庆历朝做过参知政事，还主持了新政。"庆历新政"最终失败，范仲淹被贬为邓州知州。范仲淹在邓州期间，被贬到岳州巴陵郡的滕子京重修了岳阳楼，他写信嘱托好友范仲淹为岳阳楼作记，以表示纪念。本文通过写岳阳楼的景色，以及阴晴晦明的景色变化带给人的不同感受，揭示了"不以物喜，不以己悲"的古仁人之心，也表达了作者"先天下之忧而忧，后天下之乐而乐"的爱国爱民情怀。

"抑扬顿挫" 读原文

　　庆历四年春，滕子京谪守巴陵郡①。越明年，政通人和，百废具兴。乃重修岳阳楼，增其旧制，刻唐贤、今人诗赋于其上，属予作文以记之②。

　　予观夫巴陵胜状，在洞庭一湖。衔远山，吞长江，浩浩汤汤，横无际涯；朝晖夕阴，气象万千。此则岳阳楼之大观也，前人之述备矣。然则北通巫峡，南极潇湘，迁客骚人③，多会于此，览物之情，得无异乎？

　　若夫霪雨霏霏，连月不开，阴风怒号，浊浪排空；日星隐曜，山岳潜形；商旅不行，樯倾楫摧④；薄暮冥冥，虎啸猿啼。登斯楼也，则有去国怀乡⑤，忧谗畏讥，满目萧然，感极而悲者矣。

至若春和景明⑥，波澜不惊，上下天光，一碧万顷，沙鸥翔集，锦鳞游泳⑦，岸芷汀兰⑧，郁郁青青。而或长烟一空，皓月千里，浮光耀金，静影沉璧，渔歌互答，此乐何极！登斯楼也，则有心旷神怡，宠辱皆忘，把酒临风，其喜洋洋者矣。

嗟夫！予尝求古仁人之心，或异二者之为，何哉？不以物喜，不以己悲。居庙堂之高⑨，则忧其民；处江湖之远，则忧其君。是进亦忧，退亦忧。然则何时而乐耶？其必曰"先天下之忧而忧，后天下之乐而乐"欤！噫！微斯人，吾谁与归！

◎ 于洞庭湖岳阳楼上观巴陵盛状

"字斟句酌" 查注释

①滕子京：名宗谅，字子京，河南府（今河南洛阳）人。②属：同"嘱"，嘱咐。③迁客：遭贬迁的官员。骚人：诗人。④樯（qiáng）：桅杆。楫（jí）：船桨。⑤国：指国都。⑥景：日光。⑦锦鳞：指色彩斑斓的鱼。⑧芷（zhǐ）：白芷。汀：水中小洲。⑨庙堂：指朝廷。

"古文今解" 看译文

庆历四年的春天，滕子京被贬为巴陵郡太守。到了第二年，政事顺畅，人民和睦，各种荒废了的事业都兴办起来了。于是重新修建岳阳楼，扩展它原来的规模，把唐代贤士和今人的诗赋刻在上面，并嘱咐我写一篇文章来记述这件事。

我看巴陵郡的美景，全在这洞庭湖上。它连接远山，吞吐长江，浩浩荡荡，无边无际；早晨的霞光，傍晚的夕照，真是气象万千。这些就是岳阳楼的壮丽景象，前人已经描述得很详尽了。它北面通向巫峡，南面直达潇水和湘水，被降职外调的官员和不得志的诗人常常在这里聚会，他们观赏这里景物时的心情，难道会没有差别吗？

在那细雨连绵不断，一连数月不晴的时候，阴冷的风怒吼着，浑浊的浪涛翻腾到空中；日月星辰失去了光辉，山岳也隐藏在阴霾之中；来往的客商无法通行，桅杆歪斜，船桨折断；到了傍晚，暮霭沉沉，天色昏暗，老虎长啸，猿猴悲啼。这时登上这座楼，就会想到自己离开京城，怀念家乡，担心遭到诽谤和讥议，满目都是萧条的景象，心中感慨万分而十分悲伤了。

待到春风和煦，景色明媚的日子，湖面平静，水天一色，碧绿的湖水一望无际；沙鸥时而展翅高飞，时而落下聚集在一起；五光十色的鱼儿游来游去，岸上的香芷和小洲上的兰花，郁郁葱葱，十分茂盛。有时天空中云雾完全消散，皎洁的月光一泻千里，湖面上金光闪烁，月亮的倒影犹如沉落的玉璧，静静地躺在水中；渔人互相唱和应答，这样的快乐是何等无穷无尽！这时登上这座楼，就会感到心旷神怡，把一切荣辱得失都忘记了，于是端着酒杯临风畅饮，沉浸在无限的欢乐当中。

唉！我曾经探究过古代仁德之士的思想感情，或许他们和上面说的那两种情况有所不同，这是什么缘故呢？是因为他们不因为外物的美好而高兴，不因为个人的失意而悲伤。在朝廷为官的时候就为百姓忧虑，退隐江湖、远离朝廷的时候就替君主忧虑。这样看来，是在朝为官也忧虑，不在朝为官也忧虑。然而他们什么时候才会感到快乐呢？他们一定会说"忧在天下人之前，乐在天下人之后"吧！唉！除了这样的人，我还能与谁同道呢！

"赏奇析疑"谈方法

这篇文章内容充实，情感丰富。作者将叙事、写景、议论、抒情自然结合起来，既有对事情本末的交代，又有对湖光水色的描写；既有精警深刻的议论，又有惆怅悲沉的抒情。记楼，记事，更寄托自己的心志。作者善于以简驭繁，巧妙地转换内容和写法。如以"前人之述备矣"一语带过无数叙述，以"然则"一语引出"览物之情"，以"或异二者之为"展开议论话题，千回百转，层层推进，叙事言情都入化境。

此文不单纯写景，范仲淹"登楼"有感，前后一悲一喜，只是为后文做铺垫。"予尝求古仁人之心"一段，突然由登岳阳楼转到处世态度上，看似突兀，实则是承接上文的悲喜，"不以物喜，不以己悲"正是他的态度；"先天下之忧而忧，后天下之乐而乐"一句，点出全文主旨。

朋党论

欧阳修

"知人论世" 聊背景

　　北宋仁宗庆历年间，范仲淹针对当时国家积贫积弱的现状，进行了一次政治革新，史称"庆历新政"。不过，这次革新遭到保守派的阻挠，他们以"朋党"之名来加以攻击、诬陷。欧阳修支持范仲淹的政治革新，他针对这种情况，写下此文进行反驳。本文列举历史上的事例，指出"朋党"是自古就有的，但有君子与小人的区别，论述兴亡治乱与"朋党"的关系，阐明君主要"退小人之伪朋，用君子之真朋"。

"抑扬顿挫" 读原文

　　臣闻朋党之说，自古有之，惟幸人君辨其君子小人而已。大凡君子与君子，以同道为朋；小人与小人，以同利为朋。此自然之理也。

　　然臣谓小人无朋，惟君子则有之，其故何哉？小人所好者，利禄也；所贪者，货财也。当其同利之时，暂相党引以为朋者，伪也。及其见利而争先，或利尽而交疏，则反相贼害，虽其兄弟亲戚，不能相保。故臣谓小人无朋，其暂为朋者，伪也。君子则不然。所守者道义，所行者忠信，所惜者名节。以之修身，则同道而相益；以之事国，则同心而共济。终始如一，此君子之朋也。故为人君者，但当退小人之伪朋，用君子之真朋，则天下治矣。

尧之时，小人共工、驩兜等四人为一朋①，君子八元、八恺十六人为一朋②。舜佐尧，退四凶小人之朋③，而进元、恺君子之朋，尧之天下大治。及舜自为天子，而皋、夔、稷、契等二十二人并列于朝，更相称美，更相推让，凡二十二人为一朋，而舜皆用之，天下亦大治。《书》曰："纣有臣亿万，惟亿万心；周有臣三千，惟一心。"纣之时，亿万人各异心，可谓不为朋矣，然纣以亡国。周武王

◎ 欧阳修像

之臣三千人为一大朋，而周用以兴。后汉献帝时，尽取天下名士囚禁之，目为党人。及黄巾贼起，汉室大乱，后方悔悟，尽解党人而释之，然已无救矣。唐之晚年，渐起朋党之论。及昭宗时，尽杀朝之名士，或投之黄河，曰："此辈清流，可投浊流。"而唐遂亡矣。

夫前世之主，能使人人异心不为朋，莫如纣；能禁绝善人为朋，莫如汉献帝；能诛戮清流之朋，莫如唐昭宗之世。然皆乱亡其国。更相称美、推让而不自疑，莫如舜之二十二臣，舜亦不疑而皆用之，然而后世不诮舜为二十二人朋党所欺④，而称舜为聪明之圣者，以能辨君子与小人也。周武之世，举其国之臣三千人共为一朋，自古为朋之多且大莫如周。然周用此以兴者，善人虽多而不厌也。

嗟呼！治乱兴亡之迹，为人君者可以鉴矣！

"字斟句酌" 查注释

①共工：尧时的水官，后来因为表面恭顺、做事邪恶被尧放逐。驩（huān）兜（dōu）：尧的臣子，为人狠恶，不畏风雨禽兽。②八元：传说是上古高辛氏的八个有德才的臣子。八恺：传说是上古高阳氏的八个有德才的

臣子。③四凶：旧传共工、驩兜、鲧、三苗为尧时的"四凶"。④诮（qiào）：讥讽。

 **"古文今解"看译文**

臣听说关于朋党的言论，自古就是有的，但只是希望君主能分清他们是君子还是小人而已。大凡君子与君子，是因为所坚持的道义相同才结为朋党；而小人与小人，则是因为所要贪图的利益相同才结为朋党，这是很自然的道理。

但是臣以为小人并无朋党，只有君子才有，这是什么原因呢？小人所喜好的，是功名利禄；所贪图的，是货币财物。当他们利益相同的时候，就暂时地互相勾结成为朋党，这是虚假的朋党。等到他们见到利益而争先恐后，或者利益已尽而相互疏远的时候，就会反过来互相残害，即使是他们的兄弟亲戚也在所不惜。所以臣说小人无朋党，他们暂时结为朋党，也是虚假的。君子就不是这样，他们坚守的是道义，履行的是忠信，珍惜的是名节。用这些来修身，则志同道合而互相能有所补益；用这些来为国家做事，则能齐心协力、同舟共济。始终如一，这就是君子的朋党啊。所以做君主的，只要能贬斥小人的假朋党，任用君子的真朋党，那么天下就可以太平安定了。

唐尧的时候，小人共工、驩兜等四人结为一个朋党，君子八元、八恺等十六人结为一个朋党。舜辅佐尧，斥退四凶结成的小人朋党，而任用八元、八恺结成的君子朋党，唐尧的天下因此得到大治。等到虞舜自己做了天子，皋陶、夔、稷、契等二十二人同时列位于朝堂之上，他们互相颂扬，互相推让，一共二十二人结为一个朋党。但是虞舜全都任用了他们，天下也因此得到太平安定。《尚书》上说："商纣有臣亿万，是亿万条心；周有臣三千，却是一条心。"纣王的时候，亿万人各存异心，可以说是没有朋党了，但是纣王因此而亡国。周武王的臣子，三千人结成一个大朋党，但周朝却因此而兴盛。汉献帝的时候，把天下名士尽皆关押起来，把他们视为朋党。等到黄巾贼揭竿而起，汉室大乱，方才悔悟，全数释放了所谓的朋党，可是国家却已经陷入无可挽救的地步。唐朝末年，逐渐兴起了关于朋党的议论。到了昭宗的时候，朱温杀尽了朝中的名士，有的被投入黄河，说："这些人自命为清流，应当把他们投到浊流中去。"唐朝也随之而灭亡了。

前代的君主，能使人人异心不结为朋党的，谁也不及商纣王；能禁绝贤人结为朋党的，谁也不及汉献帝；能诛戮清流结成的朋党的，哪个朝代也不及唐昭宗之时。然而他们的国家都因为动乱灭亡了。互相颂扬、推让而不自相猜疑的，谁也不及虞舜的二十二位大臣，虞舜也不猜疑他们而尽皆举用；但是后世并不讥笑虞舜被二十二人的朋党所蒙蔽，却赞美虞舜是聪明圣贤的君主。原因就在于他能辨别君子和小人。周武王时，举国上下的臣子三千人结成一个朋党，自古以来结成的朋党，人数和规模谁也不及周朝。然而周朝因此而兴盛，原因就在于贤能的人是多多益善啊。

唉！这些历史上兴衰成败的事迹，做君王的可以作为借鉴啊！

"赏奇析疑" 谈方法

本文结构完整，无论是表达议论，还是提出论据，步骤都十分严谨；而段与段之间，也是层次清晰，步步推进，条理井然。

五代史伶官传序

欧阳修

"知人论世" 聊背景

五代后唐时期，庄宗李存勗宠幸优伶，这些伶人参与朝政，败坏朝纲，还发动叛乱，使后唐由盛转衰。这篇文章就是对伶人乱政作的一番评论，节选自《新五代史·伶官传》。欧阳修在文中除了叙说这段史事之外，还总结出"忧劳可以兴国，逸豫可以亡身"的历史教训。

"抑扬顿挫" 读原文

呜呼！盛衰之理，虽曰天命，岂非人事哉？原庄宗之所以得天下[①]，与其所以失之者，可以知之矣。

世言晋王之将终也[②]，以三矢赐庄宗而告之曰："梁[③]，吾仇也；燕王[④]，吾所立；契丹，与吾约为兄弟，而皆背晋以归梁。此三者，吾遗恨也。与尔三矢，尔其无忘乃父之志！"庄宗受而藏之于庙。其后用兵，则遣从事以一少牢告庙，请其矢，盛以锦囊，负而前驱，及凯旋而纳之。

方其系燕父子以组⑤，函梁君臣之首，入于太庙，还矢先王，而告以成功，其意气之盛，可谓壮哉！及仇雠已灭⑥，天下已定，一夫夜呼，乱者四应，仓皇东出，未及见贼而士卒离散。君臣相顾，不知所归，至于誓天断发，泣下沾襟，何其衰也！岂得之难而失之易欤？抑本其成败之迹⑦，而皆自于人欤？

《书》曰："满招损，谦得益。"忧劳可以兴国，逸豫可以亡身⑧，自然之理也。故方其盛也，举天下之豪杰莫能与之争；及其衰也，数十伶人困之而身死国灭，为天下笑。夫祸患常积于忽微，而智勇多困于所溺，岂独伶人也哉？

"字斟句酌"查注释

①原：推究。庄宗：即五代时后唐庄宗李存勖。②晋王：即后唐太祖李克用。他本姓朱邪氏，祖先是唐时西北沙陀人，因为帮助唐朝镇压黄巢起义有功，封晋王。③梁：指后梁。后梁太祖朱温，原本参加黄巢起义，后出卖起义军，成为唐朝封疆大吏，后杀唐昭帝，废唐哀帝自立，建立后梁。④燕王：即刘守光，深州乐寿（今属河北）人。⑤组：指绳索。⑥仇雠（chóu）：仇敌。⑦本：考察。⑧逸豫：安逸享乐。

"古文今解"看译文

唉！盛衰的规律，虽说是天命决定的，难道不是也与人事有关吗？探究后唐庄宗所以得天下及其后来失天下的原因，就可以知道了。

世间传说晋王将要去世的时候，把三支箭赐给庄宗，并且告诉他说："梁国，是我的仇家；燕王，是我帮他成就了今天的事业；契丹同我曾约为兄弟。可是他们都背叛了晋国而归附了梁。这三者，是我的遗恨！现在给你三支箭，你千万不要忘记你父亲未了的心愿！"庄宗接受了这三支箭并把它们保存在宗庙里。其后每逢出征作战，就派手下的官员用一猪一羊去宗庙祭告，并请出那些箭，用锦囊装了，让人背着，走在队伍的前面。等到凯旋后，再把箭放回原处。

当他用绳索捆绑起燕王父子，用匣子盛了梁国君臣的首级，献入宗庙，把箭放在先王的灵位前，向先王的在天之灵禀报得胜的消息的时候，可谓是意气风发，雄壮得很了。等到仇敌已经消灭，天下已经平定，然而一个军士在夜间一声呼喊，叛乱者就四处响应，以致自己仓皇向东逃出，没见到贼寇而军队已经离散了。君臣们互相看着，不知该向何处去，逼得自己剪断头发，对天发誓，眼泪沾湿了衣裳，这是何等的衰败啊！难道是因为取得天下艰难而失去容易吗？还是成败的转换，都出自人为的原因呢？

《尚书》上说："自满招致灾祸，谦虚得到益处。"忧虑和勤劳可以振兴国家，安逸和享乐可以使自身灭亡，这是当然的道理啊。因此当庄宗兴盛的时候，全天下的豪杰，没有能与他争雄的；到他衰败的时候，几十个优伶来围困他，就使他身死国灭，被天下所讥笑。祸患常常是从细微小事上积聚起来的，而聪明勇敢的人又常常是被自己所溺爱的人逼入困境，难道仅是优伶能造成祸患吗？

"赏奇析疑"谈方法

这篇文章用语十分精妙，如写庄宗每逢打仗，都要去太庙祭祀取箭，文章用了"遣""告""请""盛""负""纳"等动词，生动刻画了庄宗的"无忘乃父之志"；大仇得报后，又用了"系""入""还矢""告"等词，呈现了后唐的兴盛情状。以几个动词串起故事情节，不但把文章写活，将人物写得血肉丰满，还增强了文章的感染力。

写庄宗的得意之状，也与后面的"衰"形成鲜明对比，突出盛衰无常的主题。文末的议论也很精彩，"忧劳可以兴国"及"祸患常积于忽微"二句，可谓鞭辟入里，它告诫后世统治者要居安思危，防微杜渐，励精图治，不要贪图安逸。

醉翁亭记

欧阳修

"知人论世" 聊背景

　　欧阳修因支持范仲淹的新政，被贬为滁州太守，这篇文章是他在滁州任上写的一篇山水游记。本文主要写了醉翁亭名字的由来、醉翁亭附近的景色、滁州百姓游山玩水，还有自己与宾客宴饮时的场景，表达了作者与民同乐的情怀。作者虽然是被贬谪到滁州的，却没有意志消沉，而是乐观豁达、坦荡自若，这是难能可贵的。

"抑扬顿挫" 读原文

　　环滁皆山也。其西南诸峰，林壑尤美。望之蔚然而深秀者，琅琊也①。山行六七里，渐闻水声潺潺，而泻出于两峰之间者，酿泉也。峰回路转，有亭翼然临于泉上者，醉翁亭也。作亭者谁？山之僧智仙也。名之者谁？太守自谓也。太守与客来饮于此，饮少辄醉，而年又最高，故自号曰"醉翁"也。醉翁之意不在酒，在乎山水之间也。山水之乐，得之心而寓之酒也。

　　若夫日出而林霏开②，云归而岩穴暝③，晦明变化者，山间之朝暮也。野芳发而幽香，佳木秀而繁阴，风霜高洁，水落而石出者，山间之四时也。朝而往，暮而归，四时之景不同，而乐亦无穷也。

至于负者歌于涂④，行者休于树，前者呼，后者应，伛偻提携，往来而不绝者⑤，滁人游也。临溪而渔，溪深而鱼肥。酿泉为酒，泉香而酒洌⑥。山肴野蔌⑦，杂然而前陈者，太守宴也。宴酣之乐，非丝非竹，射者中⑧，弈者胜⑨，觥筹交错⑩，起坐而喧哗者，众宾欢也。苍颜白发，颓乎其中者，太守醉也。

已而夕阳在山，人影散乱，太守归而宾客从也。树林阴翳⑪，鸣声上下，游人去而禽鸟乐也。然而禽鸟知山林之乐，而不知人之乐；人知从太守游而乐，而不知太守之乐其乐也。醉能同其乐，醒能述以文者，太守也。太守谓谁？庐陵欧阳修也。

"字斟句酌" 查注释

①琅（láng）琊：即琅琊山，在滁州市西南十里。②霏（fēi）：弥漫的云气。③暝（míng）：昏暗。④涂：通"途"。⑤伛（yǔ）偻（lǚ）：腰背弯曲，这里指老人。⑥洌（liè）：清澄。⑦蔌（sù）：菜。⑧射：投壶。⑨弈（yì）：下围棋。⑩觥（gōng）：古代的一种酒器。⑪翳（yì）：遮蔽。

"古文今解" 看译文

滁州四面环山。那西南面的几座山峰，树林和山谷尤其秀美。放眼望去，那郁郁葱葱、幽深秀丽的地方，就是琅琊山了。顺着山路走上六七里，渐渐地听到水声潺潺，从两座山峰之间倾泻而出的，是酿泉。走过曲折的山路，绕过回环的山峰，看见有一座亭檐儿像飞鸟展翅一样翘起，小亭临于泉边，那是醉翁亭。建造亭子的人是谁呢？是山上的智仙和尚。给它取名的又是谁呢？就是自号"醉翁"的那个太守。太守和他的宾客们来这儿饮酒，只喝一点儿就醉了，而且年纪又是最大，所以自号"醉翁"。其实醉翁的心意并不在酒上，而在山水之间。游山赏水美景的乐趣，是领略在心里，而寄托在酒中的啊。

如果太阳升起，山林中的云雾便尽皆消散了；若是烟云归集，山中的岩穴就又变得幽冥昏暗。这昏暗与明亮的交替变化，是山中的黎明与黄昏。野花怒放而清香，树木深秀而繁茂；秋风高爽，秋霜洁白；溪水下落，山石便显露出来。这就是山间四季景致的变化。清晨前往，黄昏归来，四季的景色不同，这其中的乐趣也是无穷无尽的。

至于背负着东西的人在路边欢唱，往来的行人在树下休息，前面的招呼，后面的答应，老老少少，挽扶提携，往来不断，那是滁州民众来这里游玩。在溪边钓鱼，溪深而鱼肥；用泉水酿酒，泉香而酒洌。还有各种山珍和野菜，横七竖八地摆在面前，那是太守所设的宴席。宴饮酣畅的乐趣，不在于琴弦箫管。投壶的投中了，下棋的下赢了，只见酒杯与筹码杂乱交错，人们时起时坐、大声喧闹，那是宾客们欢乐极了。那个苍颜白发，颓然坐在人群中的老者，是喝醉的太守。

不久就到了夕阳西下的时候。只见人影散乱，那是宾客们跟随太守回去了。树林逐渐昏暗下来，上上下下鸣叫呼应，那是游人离开后鸟儿开始快乐起来了。然而鸟儿只知道山林中的快乐，却不知道人们的快乐。人们只知道跟随太守游玩的快乐，却不知道太守是因为他们快乐而快乐啊。醉了的时候能同他们一起快乐，醒了之后又能用文章把这些记述下来的，是太守啊。太守是谁呢？是庐陵欧阳修啊。

"赏奇析疑"谈方法

此文名为《醉翁亭记》，却几乎句句不离山水，看似离题，实则不然，因为太守、醉翁亭、山水三者是一体的，文中表面上是记山水，实则是写醉翁亭，更是写欧阳修本身。这篇文章用了二十八个"也"字，可说是步步停顿、层层脱落，但是全文围绕着太守之乐而写，所以形散而神不散。

秋声赋

欧阳修

 "知人论世" 聊背景

本文是悲秋作品中的传世名篇，作者写此文时已年逾五旬，饱尝仕途险恶。文章以秋声起兴，继而引出对每到秋天世间万物皆归于肃杀零落情状的描写，而后抒发了作者对人事忧劳、生命凋萎的深沉叹息，反映出作者惨淡忧愁的心态。

 "抑扬顿挫" 读原文

欧阳子方夜读书，闻有声自西南来者，悚然而听之，曰："异哉！"初淅沥以潇飒，忽奔腾而砰湃[①]，如波涛夜惊，风雨骤至。其触于物也，铮铮铮铮[②]，金铁皆鸣，又如赴敌之兵，衔枚疾走，不闻号令，但闻人马之行声。予谓童子："此何声也？汝出视之。"童子曰："星月皎洁，明河在天[③]，四无人声，声在树间。"

予曰："噫嘻，悲哉！此秋声也，胡为乎来哉？盖夫秋之为状也，其色惨淡，烟霏云敛[④]；其容清明，天高日晶，其气栗冽[⑤]，砭人肌骨[⑥]；其意萧条，山川寂寥。故其为声也，凄凄切切，呼号奋发。丰草绿缛而争茂[⑦]，佳木葱茏而可悦。草拂之而色变，木遭之而叶脱。其所以摧败零落者，乃一气之余烈。

"夫秋，刑官也，于时为阴，又兵象也，于行为金。是谓天地之义

气，常以肃杀而为心。天之于物，春生秋实，故其在乐也，商声主西方之音，夷则为七月之律。商，伤也，物既老而悲伤。夷，戮也，物过盛而当杀。

"嗟夫！草木无情，有时飘零。人为动物，惟物之灵。百忧感其心，万事劳其形，有动乎中，必摇其精。而况思其力之所不及，忧其智之所不能。宜其渥然，丹者为槁木⑧，黟然黑者为星星⑨。奈何以非金石之质，欲与草木而争荣？念谁为之戕贼，亦何恨乎秋声？"

童子莫对，垂头而睡。但闻四壁虫声唧唧，如助予之叹息。

"字斟句酌" 查注释

①砰：通"澎"。②鏦（cōng）鏦铮（zhēng）铮：金属相碰撞的声音。③明河：银河。④霏（fēi）：消散。⑤栗冽：通"凛冽"。⑥砭（biān）：刺。⑦绿缛（rù）：绿草茂盛。⑧渥（wò）然：色泽红润的样子。槁（gǎo）木：指枯木。⑨黟（yī）然：乌黑。星星：花白的头发。

"古文今解" 看译文

我正在夜间读书，听到有声音从西南传来，我惊悚地侧耳倾听，惊道："奇怪啊！"开始的时候那声音淅沥而潇飒，忽而又奔腾而澎湃，好似波涛骤起黑夜，风雨忽然降临。听它碰在物体上，叮叮当当，像金属互相撞击发出的声音；又好像夜袭敌阵的战士正衔枚急走，听不见号令，只听见人马行进的声音。我对书童说："这是什么声音，你出去看看吧！"书童回来说："月亮和星星皎洁明亮，浩瀚的银河，悬挂在中天；四周寂静，人声悄然，那声音好像是从树间传来的。"

我说："唉，悲伤啊！这是秋声，为什么要来呢？说起秋天的样子，它的色调惨淡苍凉，烟雾消散，云气收敛；它的容貌清新明朗，天高气爽，阳光灿烂；它的气流凛冽寒冷，刺人肌骨；它的神情萧条寥落，山河空廓。因此它发出来的声音，凄凄切切，呼啸激昂。秋风未到的时候，草儿葱郁，竞相繁茂；树木葱郁，惹人喜爱。然而秋风一至，吹过茂草而茂草枯黄，吹过树木而树木尽凋。那使万物凋落飘零的，只是秋气的一点余威罢了。

"秋天，在职官是刑罚之官，在时令上属阴，又象征着用兵，在五行中属金。这就是所谓天地间的义气，常常以肃杀作为主旨。自然对于万物，是春天使它们生长，秋天让它们结果。因此秋天在音乐上属于商声，商声是主管西方的音调，而夷则是七月的音律。商，也就是'伤'，万物衰老就会悲伤。夷，是杀戮的意思，万物过盛就当杀戮。

"唉！草木无情，尚且按时凋零。人是动物，是万物之灵。许多忧愁动摇着他的心绪，许多事情劳累着他的身体，心中有所触动，必然会动

◎ 秋声赋意图　[清]华嵒

192

摇精神，何况还要思虑那些力量和智慧所不能办到的事情。这就必然会使他红润的脸色变得如同枯木，乌黑黑的头发变得花白。为什么要用不是金石的身躯，去和草木争奇斗胜呢？想想吧！是谁伤害了自己，又何必去怨恨那不相关的秋声呢？"

书童没有回答，低垂着头已经睡着了。只听得四周墙壁上虫声唧唧，好像是在附和我的叹息。

"赏奇析疑"谈方法

本文由秋声想到秋天的整体特性，再由此想到与之对应的人文概念、生命智慧，布局非常精妙。首段凭借具体的视觉意象表达秋声，将视觉和听觉进行了贴切而生动的转换，全段没有一字提到"秋"字，可"自西南来""潇飒""铮铮""金铁""赴敌之兵"等词语，已经将秋之景象完美勾勒出来。

作者在本篇中还有一个创新，那就是摆脱了文学上"悲秋"的传统，它通过冷静自然的心境，洞察出秋天所隐含的生命体验，表现了欧阳修旷达的气度，文末一句"但闻四壁虫声唧唧，如助予之叹息"，更是发人深省，余味无穷。

心 术

苏 洵

"知人论世" 聊背景

> 本文是一篇研究战略战术的军事论文，是苏洵的军事论文集《权书》中的一篇。此文介绍了用兵、作战、将士同心、知己知彼等多方面的内容，而以治心为核心，意在说明为将者的用兵之道。

"抑扬顿挫" 读原文

为将之道，当先治心。泰山崩于前而色不变，麋鹿兴于左而目不瞬①，然后可以制利害，可以待敌。

凡兵上义，不义，虽利勿动。非一动之为利害，而他日将有所不可措手足也。夫惟义可以怒士，士以义怒，可与百战。

凡战之道：未战养其财，将战养其力，既战养其气，既胜养其心。谨烽燧，严斥堠②，使耕者无所顾忌，所以养其财；丰犒而优游之，所以养其力；小胜益急，小挫益厉，所以养其气；用人不尽其所欲为，所以养其心。故士常蓄其

◎ 苏洵像

怒，怀其欲而不尽。怒不尽则有余勇，欲不尽则有余贪。故虽并天下，而士不厌兵，此黄帝之所以七十战而兵不殆也。不养其心，一战而胜，不可用矣。

凡将欲智而严，凡士欲愚。智则不可测，严则不可犯，故士皆委己而听命，夫安得不愚？夫惟士愚，而后可与之皆死。

凡兵之动，知敌之主，知敌之将，而后可以动于险。邓艾缒兵于蜀中③，非刘禅之庸，则百万之师可以坐缚，彼固有所侮而动也。故古之贤将，能以兵尝敌，而又以敌自尝，故去就可以决。

凡主将之道，知理而后可以举兵，知势而后可以加兵，知节而后可以用兵。知理则不屈，知势则不沮，知节则不穷。见小利不动，见小患不避。小利小患，不足以辱吾技也，夫然后有以支大利大患④。夫惟养技而自爱者，无敌于天下。故一忍可以支百勇，一静可以制百动。

兵有长短，敌我一也。敢问："吾之所长，吾出而用之，彼将不与吾校⑤；吾之所短，吾蔽而置之，彼将强与吾角，奈何？"曰："吾之所短，吾抗而暴之⑥，使之疑而却；吾之所长，吾阴而养之，使之狎而堕其中。此用长短之术也。"

善用兵者，使之无所顾，有所恃。无所顾，则知死之不足惜；有所恃，则知不至于必败。尺箠当猛虎⑦，奋呼而操击；徒手遇蜥蜴，变色而却步；人之情也。知此者，可以将矣。袒裼而案剑⑧，则乌获不敢逼⑨；冠胄衣甲，据兵而寝，则童子弯弓杀之矣。故善用兵者以形固。夫能以形固，则力有余矣。

"字斟句酌"查注释

①瞬：眨眼睛。②斥堠（hòu）：古代瞭望敌情的土堡。③邓艾：三国时魏国将领，魏景元四年（263），他从一条艰险山路攻蜀，士兵们都用绳子系着放下山去，他自己也用毡布裹了身体，滑下山去。缒（zhuì）：系在绳子上放下

去。④支：对付。⑤校：较量。⑥抗：高举。⑦箠：通"棰"，木棍。⑧袒（tǎn）裼（xī）：露臂赤膊。案：通"按"。⑨乌获：战国时秦国的大力士。

"古文今解"看译文

作为将帅的原则，应当先增强自己的心理素质。要做到泰山崩塌在眼前而面不改色，麋鹿突然从身边跑过而眼睛不眨，之后才能谈到可以控制战局的利害得失，谈到对付敌人。

大凡行军打仗都崇尚正义，不合乎正义，即使局面对自己有利也不要轻举妄动。这不是因为一旦行动就会有立竿见影的利害显露出来，而是因为这样会给将来造成无法应付的局面。只有正义，才能让士兵产生斗志，而士兵一旦因为正义而产生斗志，就会跟从你经历百战、出生入死。

凡是用兵之道，在于战争之前要着重于蓄积财力、物力，临战时要养精蓄锐，一旦开战就要使军队保持旺盛的士气，胜利之后则要保持斗志。要谨慎认真地做好烽燧预警工作，加强各种侦察敌情的措施，使种田的人没有顾忌，以此来蓄积财力、物力；要丰厚地犒劳士兵，让他们在平常的日子里生活舒适，以此来养精蓄锐，提高战斗力；打了小胜仗，要振作精神，受到了小挫折，更要给予激励，以此来保持旺盛的士气；用人时不要让他们把自己所想做的都做完，以此来保持他的斗志。因此，士兵能长时间地保持旺盛的斗志，怀着强烈的欲望而没有止境。斗志长存，就会有多余的勇气；欲望无止境，就会产生多余的贪心。所以，虽然兼并了天下，而士兵们却不会厌恶战争；这就是黄帝经历大小七十多次战争，士兵仍然不懈怠的原因。如果不保养人心，即使打了一次胜仗，这支军队也不能再用了。

凡是做将帅的，要足智多谋、从严治军。凡是做士兵的，要尽量贡献出自己的愚忠。足智多谋，就让人无法推知；从严治军，就能使人感到不可冒犯。因此士兵都会将身心交付给将领而听从命令，这样又怎会不贡献出自己的愚忠呢？只有士兵贡献出自己的愚忠之后，才能与将帅一起出生入死。

大凡出兵打仗，要了解敌方首领、敌方将领的情况，然后才可以采取冒险的行动。三国时，邓艾用绳子把士兵吊下悬崖去偷袭蜀国，要不是刘禅的昏庸无能，那么即使有百万大军，也可能束手就擒，而邓艾必定是看透了蜀中已无能人才敢采取如此冒险的行动。所以古代贤能的将领，能够用自己的兵力去试探敌方的虚实，又能够根据与敌交锋的情况，正确地估计自己的力量，如此，是征是讨是进是退就可以决定了。

作为主将的原则是，要在通晓作战之理后才可以出兵；要看清敌我双方的形势后才可以与之交战；要懂得对军队进行约束节制后才可以用兵。通晓作战之理就不会轻易屈服，看清了敌我双方的形势就不会轻易感到沮丧，懂得如何对军队进行约束就不会陷于困境。看见了小利而不轻举妄动，看见了小患而不仓皇逃避。因为小利小患，不值得自己去施展本领。只有做到这一步，才有可能去应付大利大患。只有那些不断充实修炼自己的技能战法而又能自爱的人，才能在天下没有敌手。所以一时的忍耐可以为上百次的勇敢行为做好准备，冷静一下可以控制上百次的轻举妄动。

军队各有长处和短处，这在敌方和我方是一样的。冒昧地问一句："我方的长处，我拿出来使用它，可是敌方却不同我在这些方面进行较量；我方的短处，我掩盖起来，搁置起来，可是敌方一定要同我在这些方面进行较量，怎么办呢？"回答说："我方的短处，我公开地把它暴露出来，使敌方疑惑并且退却；我方的长处，我遮蔽起来，并且加以蓄积，从而使敌人轻率大意而落入圈套当中。这就是运用长处、短处的方法啊。"

善于用兵的人，应该使士兵无所顾忌，但有所依靠。无所顾忌，就是明白战死也没什么可惜的；有所依靠，就是知道不至于失败。手中即使只有尺把长的木棍，遇见了猛虎，也可以大吼一声，拿起木棍去打它；可是如果空着手遇到了蜥蜴，就会被吓得变了色而却步不前。这是人之常情。知道这个道理的，就可以带兵了。露臂赤膊、紧握着剑柄，那么，即使是乌获那样的大力士，也不敢靠近；如果带着头盔、穿着铠甲，抱着武器睡觉，那么，小孩也可以拉弓杀死他。所以善于用兵的人，能利用各种条件来巩固自己的力量，而能利用各种条件巩固自己力量的人，他的力量则是没有穷尽的。

"赏奇析疑" 谈方法

此文很似《孙子·谋攻篇》，而文采过之。苏洵"颇喜言兵"，他的《权书》十篇、《几策》中的《审敌》篇、《衡论》中的《御将》和《兵制》篇，还有《上韩枢密书》《制敌》和《上皇帝书》等文章都论述了军事问题。此篇开篇明义，在首段便点明文章大意，即"为将之道，当先治心"。次段指出打仗必须要符合"义"，"治心"和"义"就是用兵的总纲。余下的六段是分述行军打仗时的各注意事项，可见本文的结构是先总后分。此文从"治心"说到"养士"，从"养士"说到"审势"，从"审势"说到"出奇"，再由"出奇"说到"守备"，可谓段落鲜明，层次有序，段与段之间暗兴风雨之势，行文可谓变幻多姿。

石钟山记

苏 轼

这篇文章写于作者由黄州到汝州的途中。苏轼到达彭蠡的时候，游了一趟石钟山，此文写的就是游石钟山引发的感慨。文章在开头，先对郦道元、李渤关于石钟山的记载提出质疑，而后写自己游览石钟山时的所见所闻，最后写自己的感慨，也就是"事不目见耳闻而臆断其有无"，告诫人们对于没有亲身体验的事物，不要轻易下结论。所以，本文有十分可贵的教育意义。

《水经》云："彭蠡之口有石钟山焉①。"郦元以为下临深潭，微风鼓浪，水石相搏，声如洪钟。是说也，人常疑之。今以钟磬置水中，虽大风浪不能鸣也，而况石乎！至唐李渤始访其遗踪②，得双石于潭上，扣而聆之，南声函胡③，北音清越，枹止响腾④，余韵徐歇。自以为得之矣。然是说也，余尤疑之。石之铿然有声者，所在皆是也，而此独以钟名，何哉？

元丰七年六月丁丑⑤，余自齐安舟行适临汝⑥，而长子迈将赴饶之德兴尉⑦。送之至湖口，因得观所谓石钟者。寺僧使小童持斧，于乱石间择其一二扣之，硿硿然⑧，余固笑而不信也。至其夜月明，独与迈乘小舟至绝壁下。大石侧立千尺，如猛兽奇鬼，森然欲搏人。而山上栖鹘⑨，闻人声亦惊起，磔磔云霄间⑩。又有若老人咳且笑于山谷中者，或曰："此鹳鹤也⑪。"余方心动欲还，而大声发于水上，噌吰如钟鼓不绝⑫。舟人大恐。徐而察之，则山下皆石穴罅⑬，不知其浅深，微波入焉，涵澹澎湃而为此也⑭。舟回至两山间，将入港口，有大石当中流，可坐百人，空中而多窍，与风水相吞吐，有窾坎镗鞳之声⑮，与向之噌吰者相应，如乐作焉。因笑谓迈曰："汝识之乎？噌吰者，周景王之无射也；窾坎镗鞳者，魏庄子之歌钟也。古之人不余欺也！"

事不目见耳闻，而臆断其有无，可乎？郦元之所见闻殆与余同⑯，而言之不详；士大夫终不肯以小舟夜泊绝壁之下，故莫能知；而渔工水师虽知而不能言，此世所以不传也。而陋者乃以斧斤考击而求之⑰，自以为得其实。余是以记之，盖叹郦元之简，而笑李渤之陋也。

"字斟句酌" 查注释

①彭蠡：即今江西鄱阳湖。②李渤：字浚之，唐代洛阳人，他曾撰文对石钟山名字的由来做过解释。③函胡：重浊而含混。④枹（fú）：本意鼓槌，这里作敲击讲。⑤元丰：宋神宗年号。⑥齐安：今湖北黄冈。临汝：今河南临汝。⑦迈：即苏迈，苏轼的长子，字伯达。饶：饶州，治所在今江西鄱阳。德兴：今江西德兴。⑧硿（kōng）硿：金石相撞击的声音。⑨鹘（hú）：鸷鸟名，即隼。⑩磔（zhé）磔：鸟鸣声。⑪鹳鹤：鸟名。形似鹤，嘴长而直，顶不红，常活动于水旁，夜宿高树。⑫噌（chēng）吰（hóng）：形容钟声洪亮。⑬罅（xià）：裂缝，缝隙。⑭涵澹：水波荡漾的样子。⑮窾（kuǎn）坎镗（tāng）

鞳（tà）：象声词，形容钟鼓的声音。⑯殆（dài）：大概。⑰考：敲，击。

"古文今解" 看译文

　　《水经》上说："彭蠡湖的湖口，有一座石钟山。"郦道元认为是石钟山下临深潭，每当微风吹动波浪，那波浪冲击着山石，于是发出像洪钟一样的声响。这种说法，人们常常有所怀疑。现在将钟、磬放在水中，即使大风浪也不能使他们鸣响，何况是石头呢！到了唐朝，李渤开始寻访郦道元所记述的石钟山的遗址，在深潭之上得到了两块石头，将两块石头相叩击，然后侧耳聆听，只觉得南边的声音模糊不清，北边的声音清脆悠扬。停止叩击后，还是余音袅袅，许久才消失。李渤自以为解得了石钟之说的奥秘所在。但是他的这种说法，我还是有所怀疑。能够发出铿然之声的石头，比比皆是，但是只有此地以钟为名，这是为什么？

　　元丰七年六月丁丑这一天，我从齐安乘舟到临汝去，而大儿子苏迈将要到饶州德兴县去任县尉。我送他送到了湖口，因而得以看到了所谓的石钟山。庙里的僧人让小童拿着斧头，在乱石中选择了一两块，互相叩击，发出了硿硿的响声。我当然是觉得可笑，并不相信这就是石钟山名字的由来。到了那天夜里，月光明亮，我只带了迈儿乘着小舟来到绝壁之下。那巨大的石壁耸立在水边，高达千尺，如同猛兽奇鬼一样，阴森森的好像要向人扑来。而在山上栖息的鹘鸟，听到人的声音也惊叫着飞了起来，在云霄间磔磔地叫着。山谷中还传来像老人一边咳嗽一边笑的声音，有人说这是鹳鹤。我刚刚觉得有些害怕而想要回去的时候，水上忽然发出了巨大的响声，声音洪亮如同钟鼓齐鸣，连续不断。船夫十分惊恐。缓慢地靠近并且考察缘由，原来是山的下面都是些孔洞石缝，不能知道它们的深浅，微波冲入其中，荡漾澎湃之间便发出了这种声音。船回到两山之间，将要进入港口的时候，有一块大石头横在水中间，它的上面能坐一百个人，中空而多孔，与风和水互相吞吐，发出窾坎镗鞳

◎ 苏轼夜访石钟山

的声音，与方才听到的钟鼓之声互相应和，好似演奏音乐一般。我因此笑着对迈儿说："你知道吗，发出如钟鼓一样声响的，是周景王的无射大钟；发出窾坎镗鞳声音的，是魏庄子的编钟。古代的人真是没有欺骗我们啊！"

　　凡事不目见耳闻就主观决断它的有无，这可以吗？郦道元的所见所闻大概和我的相同，但是没有详细记述下来；士大夫始终不肯夜泊小舟于绝壁之下，所以不能知晓；渔人船夫虽然知道真相，但却不能记述。这就是石钟山名字的由来不能流传于世的原因。而见识浅薄的人竟然用斧头一类的东西敲击石头来探求钟声，自己还以为是得到了真相。我因此把这些记录了下来，是叹惜郦道元记事的简略，讥笑李渤的见识浅陋啊！

"赏奇析疑" 谈方法

本文的结构安排十分巧妙。文章开头先提出质疑，用"人常疑之""余尤疑之""余固笑而不信"，对前人之说进行否定，引出到实地考察、探索出事情真相，继而指出"事不目见耳闻而臆断其有无"乃是错误之举，前后呼应，层层深入，一气呵成，增强读者的阅读兴趣。

前赤壁赋

苏 轼

"知人论世" 聊背景

宋神宗年间，苏轼因为"乌台诗案"被贬谪到黄州，担任黄州团练副使。在此期间，他游览附近山水，写下不少名篇，《前赤壁赋》就是这个时期写的。赤壁是三国时的古战场，苏轼所去的黄州赤壁矶，并非赤壁之战的原址，只是名字相同罢了。《前赤壁赋》记述的是苏轼与客人在月夜泛舟赤壁，沉浸在赤壁美好的景色之中，在与客人的一问一答中，阐发了一些人生体验，体现了他对人生意义的关怀，也表现了其旷达洒脱的哲学感悟。

"抑扬顿挫" 读原文

壬戌之秋①，七月既望，苏子与客泛舟游于赤壁之下。清风徐来，水波不兴。举酒属客②，诵《明月》之诗，歌"窈窕"之章。少焉，月出于东山之上，徘徊于斗、牛之间③。白露横江，水光接天。纵一苇之所如④，凌万顷之茫然。浩浩乎如冯虚御风⑤，而不知其所止；飘飘乎如遗世独立，羽化而登仙。

于是饮酒乐甚，扣舷而歌之。歌曰："桂棹兮兰桨，击空明兮溯流光⑥。渺渺兮予怀，望美人兮天一方。"客有吹洞箫者，依歌而和之。其声呜呜然，如怨如慕，如泣如诉，余音袅袅，不绝如缕。舞幽壑之潜蛟，泣孤舟之嫠妇⑦。

苏子愀然⑧，正襟危坐而问客曰："何为其然也？"客曰："'月明星稀，乌鹊南飞'，此非曹孟德之诗乎？西望夏口，东望武昌，山川相缪⑨，郁乎苍苍，此非孟德之困于周郎者乎？方其破荆州，下江陵，顺流而东也，舳舻千里⑩，旌旗蔽空，酾酒临江⑪，横槊赋诗⑫，固一世之

◎ 东坡赤壁图　[北宋] 王诜

雄也，而今安在哉？况吾与子渔樵于江渚之上，侣鱼虾而友麋鹿，驾一叶之扁舟，举匏樽以相属⑬。寄蜉蝣于天地⑭，渺沧海之一粟，哀吾生之须臾，羡长江之无穷。挟飞仙以遨游，抱明月而长终。知不可乎骤得，托遗响于悲风。"

苏子曰："客亦知夫水与月乎？逝者如斯，而未尝往也；盈虚者如彼⑮，而卒莫消长也。盖将自其变者而观之，则天地曾不能以一瞬；自其不变者而观之，则物与我皆无尽也，而又何羡乎？且夫天地之间，物各有主，苟非吾之所有，虽一毫而莫取。惟江上之清风，与山间之明月，耳得之而为声，目遇之而成色，取之无禁，用之不竭，是造物者之无尽藏也，而吾与子之所共适⑯。"

客喜而笑，洗盏更酌。肴核既尽⑰，杯盘狼藉。相与枕藉乎舟中⑱，不知东方之既白。

"字斟句酌" 查注释

①壬戌：宋神宗元丰五年（1082）。②属：敬酒，劝酒。③斗牛：即牛宿和斗宿。④一苇：小船。⑤冯虚：凌空。冯，通"凭"。⑥溯（sù）：逆水而上。⑦嫠（lí）妇：寡妇。⑧愀（qiǎo）然：形容神色变得严肃。⑨缪（liáo）：通"缭"。⑩舳（zhú）舻（lú）：泛指船只。⑪酾（shī）：斟酒。⑫槊（shuò）：长矛。⑬匏（páo）樽：像瓢一样的酒器。⑭蜉（fú）蝣（yóu）：虫名，生存期极短。⑮盈虚者：指月亮。⑯适：享受。⑰藉（jiè）：坐卧其上。

"古文今解" 看译文

壬戌年的秋天，七月十六日，我和客人泛舟于赤壁之下。清风徐徐地吹来，水面上没有波浪。举起酒杯，邀客人同饮，吟诵起《明月》诗篇的"窈窕"一章。一会儿，月亮从东山上升起，徘徊在斗宿、牛宿之间。白蒙蒙的雾气笼罩着江面，波光闪动的水面遥接着天边。我们任凭小舟自由漂流，游走在浩渺无垠的江面上。江水浩瀚啊，船儿像凌空驾风而行，而不知道将停留在什么地方；人儿飘飘啊，像独自站在了尘世之外，要生出翅膀飞升成仙。

这时候，喝着酒，心中更加快乐，便敲着船舷唱起歌来。歌词说："桂木做的棹啊兰木做的桨，拍击着清澈明亮的江水啊，在月光浮动的江面上逆水行走。我的情思悠远深沉啊，心中思念的美人，却在遥远的地方。"客人中有会吹洞箫的，随着歌声吹奏起来，那箫声呜咽，像在埋怨，像在思慕，像在抽泣，像在倾诉。一曲奏完，余音悠长，像轻丝一样不能断绝。深渊里潜藏的蛟龙为之起舞，孤舟中悲凉的寡妇为之哭泣。

我不禁黯然神伤，于是整理好衣襟，端坐起来，问客人说："为什么奏出这样悲凉的音乐呢？"客人回答说："'月光明亮，星儿稀少，乌鹊向南飞去'，这不是曹孟德的诗句吗？从这里向西望去是夏口，向东望去是武昌，山水相缠绵，景色郁郁苍苍，这不就是曹操被周瑜打败的地方吗？当他夺取荆州，攻下江陵，顺江东下的时候，战船连接千里，旌旗遮蔽天空；他把酒临江，横握长矛赋诗，那真是一世的豪杰啊，可如今却在哪里呢？何况我和你在江中的小洲上捕鱼砍柴，以鱼虾为伴，以麋鹿为友，驾着一叶小舟，举着酒杯互相劝酒，将如同蜉蝣一样短暂的生命寄托于天地之间，渺小得像大海里的一粒米，悲叹我们生命的短暂，羡慕长江的不尽东流。愿与神仙相伴而遨游，也想同明月相守而长存。知道这样的愿望是不能马上实现的，于是只能借着箫声将这无穷的遗恨寄托在悲凉的风中。"

我对客人说："你也知道那水和月吗？江水是这样不停地流走，可它依然存在啊；月亮时而圆时而缺，但它始终是那个月亮，并没有消损和增长。如果从变化的角度去看，那么天地间的万事万物，没有一刻能够保持不变；如果从不变的角度去看，那么事物和我们本身都不会有穷尽的时候，又有什么可羡慕的呢？再说那天地之间的万事万物都有自己的主宰，如果不是我们的东西，即使是一丝一毫也不能得到。只有江上的清风与山间的明月，耳朵听到了，就成了声音，眼睛看到了，就成了色彩，得到它们没有人禁止，享用它们没有竭尽的时候。这是大自然无穷无尽的宝藏啊，是我和你可以共同享受的东西。"

客人听了这番话高兴地笑了起来，于是洗净了酒杯，重斟再饮。菜肴和水果都已经吃完，酒杯和盘子杂乱地放着。我与客人们相互枕着靠着在船里睡着了，不知不觉中东方已然发白。

"赏奇析疑" 谈方法

《前赤壁赋》吸取了散文的笔调和手法，打破了赋在句式、声律等方面的束缚，使文章兼具诗歌的深致情韵和散文的透辟理念。此文体式相对自由，如开头"壬戌之秋"一段，全是散句，参差疏落之中又有整饬之致。以下直至篇末，大多押韵，但换韵较快，而且换韵处往往就是文意的一个段落，这不仅有助于诵读，还令文章富于声韵之美，体现了韵文的长处。此文通篇皆有奇气，作者凭吊江山，恨人生之如寄；流连风月，喜造物之无私，一悲一喜，意境悠然旷然。

后赤壁赋

苏　轼

"知人论世" 聊背景

　　苏轼在秋夜游赏过赤壁之后，于当年的冬天再次游览此地，并写下了这篇文章。此文上来先写再次游赤壁的原因，然后写泛舟、登览赤壁时的见闻，最后写梦中见到羽化成仙的道士，借以表达自己超然脱俗的感想。本文与《前赤壁赋》呼应，都体现了苏轼旷达超脱的人生境界。

"抑扬顿挫" 读原文

　　是岁十月之望，步自雪堂①，将归于临皋②。二客从予，过黄泥之坂。霜露既降，木叶尽脱，人影在地，仰见明月，顾而乐之③，行歌相答。已而叹曰："有客无酒，有酒无肴。月白风清，如此良夜何？"客曰："今者薄暮，举网得鱼，巨口细鳞，状如松江之鲈。顾安所得酒乎？"归而谋诸妇。妇曰："我有斗酒，藏之久矣，以待子不时之需。"

　　于是携酒与鱼，复游于赤壁之下。江流有声，断岸千尺。山高月小，水落石出。曾日月之几何，而江山不可复识矣！予乃摄衣而上，履巉岩④，披蒙茸⑤，踞虎豹⑥，登虬龙⑦，攀栖鹘之危巢⑧，俯冯夷之幽宫⑨，盖二客不能从焉。划然长啸，草木震动，山鸣谷应，风起水涌。

予亦悄然而悲，肃然而恐，凛乎其不可留也。反而登舟，放乎中流，听其所止而休焉。时夜将半，四顾寂寥。适有孤鹤，横江东来，翅如车轮，玄裳缟衣⑩，戛然长鸣，掠予舟而西也。

须臾客去，予亦就睡。梦一道士，羽衣蹁跹，过临皋之下，揖予而言曰："赤壁之游乐乎？"问其姓名，俯而不答。"呜呼噫嘻！我知之矣！畴昔之夜⑪，飞鸣而过我者，非子也耶？"道士顾笑，予亦惊寤。开户视之，不见其处。

"字斟句酌" 查注释

①雪堂：苏轼被贬到黄州做团练副使时，在黄冈城外自建厅堂。堂在雪中建成，他又将四壁画上雪景，故名。②临皋：临皋亭，在黄冈南长江边上。③顾：看。④巉（chán）：险峻。⑤蒙茸：杂乱的草丛。⑥虎豹：指形状像虎豹的石头。⑦虬龙：指形状像虬龙的树木。⑧鹘（hú）：鸷鸟名，即隼。⑨冯夷：水神。⑩玄：黑色。缟（gǎo）：白色。⑪畴昔：往日，这里指昨日。

"古文今解" 看译文

这一年的十月十五日，我从雪堂走来，准备回到临皋亭去。有两位客人跟从着我，经过黄泥坂。这时，霜露已经降下，树叶完全脱落了，我看见了地上的人影，于是抬起头来，看到了一轮明月已经赫然挂在天上。我和客人们相视而笑，便一边走一边唱和着。过了一会儿，我不禁叹息说："有客没有酒，有酒

◎ 苏轼像

没有菜，月儿这么亮，风儿这么清，叫我们如何打发这美好的夜晚呢？"一位客人说："今天黄昏的时候，我网到了一条鱼，大大的嘴巴，小小的鳞片，样子很像是松江鲈鱼。可是到哪里去弄到酒呢？"我回到家后去与妻子商议。妻子说："我有一斗酒，保存好久了，就是预备你临时有意外的需求。"

于是带了酒和鱼，又去赤壁下面游赏。江里的流水发出声响，江岸上的峭壁高达千尺。山峰高耸，月亮显得很小；江水落去，江石显露了出来。这才过了多少时日啊，而这江与山的面貌却变了很多，都让人认不出了。我于是撩起衣襟，舍舟上岸，走在险峻的山路之上，拨开杂乱的野草；一会儿坐在形如虎豹的山石上，一会儿又爬上状如虬龙的古树，攀到高高的鹘鸟栖宿的窝，低头看水神冯夷的宫府。那两位客人竟不能跟上来。我放声长啸，啸声划过长空，草木为之震动，高山为之鸣响，深谷为之呼应，风为之吹起，水为之奔涌。我也默默地感到有些悲伤，随之又肃然而感到恐惧，再也不想在这阴森肃杀的地方停留。于是我们返回到江边小舟之上，把船撑到了江心，听凭它随水漂流，它停在哪里我们就在哪里休息。这时将近半夜了，环顾四周，江山一片寂寥。恰巧有一只白鹤，横穿大江，从东飞来，翅膀有如车轮大小，黑裙白衣，戛然一声长鸣，掠过我的小船向西飞去了。

一会儿，客人走了，我也沉沉睡去。梦中见到了一个道士，穿着羽毛做的衣服，轻快地从临皋亭下经过，他向我拱手行礼说："这次的赤壁之游尽兴吗？"我问他的姓名，他低着头不回答。"哎呀！我知道了！昨天晚上，一边叫一边飞过我的小船的，不是你吗？"道士回头对我笑了笑，我也从梦中惊醒。打开房门一看，哪里还有他的踪影。

"赏奇析疑"谈方法

《后赤壁赋》借鹤与道士之梦，抒发作者心中的旷达之意。这篇文章长于写景，"句句如画、字字似诗"，作者通过夸张与渲染，使人有身临其境之感。文中描写江山胜景，巧用排比与对仗，不但增添了文字的音乐感，而且更增一分情趣。

方山子传

苏　轼

本篇是元丰四年（1081）苏轼在黄州时所作。传记的主人方山子姓陈名慥，字季常，少年时嗜酒好剑，挥金如土，以豪士自居。后发奋读书，有志用世，但无所遇合，晚年放弃家财，隐居光州、黄州之间。《方山子传》折射出苏轼历经坎坷后的心态。写方山子实际上是自悲身世。

"抑扬顿挫"读原文

方山子，光、黄间隐人也①。少时慕朱家、郭解为人②，闾里之侠皆宗之③。稍壮，折节读书，欲以此驰骋当世，然终不遇。晚乃遁于光、黄间，曰岐亭④，庵居蔬食，不与世相闻。弃车马，毁冠服，徒步往来山中，人莫识也。见其所著帽，方耸而高，曰："此岂古方山冠之遗像乎？"因谓之方山子。

余谪居于黄，过岐亭，适见焉。曰："呜呼！此吾故人陈慥季常也，何为而在此？"方山子亦矍然问余所以至此者⑤，余告之故。俯而不

211

答，仰而笑，呼余宿其家。环堵萧然，而妻子奴婢皆有自得之意。余既耸然异之。独念方山子少时，使酒好剑，用财如粪土。前十九年，余在岐山，见方山子从两骑，挟二矢，游西山。鹊起于前，使骑逐而射之，不获。方山子怒马独出，一发得之。因与余马上论用兵及古今成败，自谓一时豪士。今几日耳，精悍之色，犹见于眉间，而岂山中之人哉？

然方山子世有勋阀，当得官，使从事于其间，今已显闻。而其家在洛阳，园宅壮丽，与公侯等。河北有田，岁得帛千匹，亦足以富乐。皆弃不取，独来穷山中，此岂无得而然哉？

余闻光、黄间多异人，往往佯狂垢污，不可得而见，方山子傥见之欤？

◎ 方山子

"字斟句酌"查注释

①光：光州，治所在今河南潢川。黄：黄州，治所在今湖北黄冈。②朱家、郭解：二人均为西汉时的豪侠之士。③间（lú）里：乡里。④岐亭：今湖北麻城西南，当时属黄州。⑤瞿（jué）然：惊视的样子。

"古文今解"看译文

方山子，是光州、黄州一带的隐者。他年轻的时候仰慕朱家、郭解的为人，乡里的游侠都尊崇他。他稍微长大些以后，改变了志趣而去读书，想要以此来驰骋当世，但是始终没有实现这个理想。到了晚年他就在光州、黄州之间一个叫岐亭的地方避世隐居，住在草庐里，吃些蔬菜素食，不与世人往来。他抛弃了车马，毁掉了书生的衣帽，徒步往来于山间。山里的人没有与他相识的，只是看到他戴的帽子又方又高，说："这不是古代方山冠的样式吗？"于是都称他为方山子。

我谪居在黄州，有一次路过岐亭，正好碰到了他。我说："哎呀，这不是我的老朋友陈慥陈季常吗，怎么会在此地居住呢？"方山子也非常惊讶地问我为何到了这里，我告诉了他原因。他开始是低着头不说话，而后又仰面而笑，招呼我到他家里去住宿。我到了他家，看见他家中四壁空空如也，而妻子儿女、奴仆婢妾都显露出悠然自得的神情。我感到十分诧异。自己想着方山子少年的时候，喜欢喝酒舞剑，挥金如土的情景。十九年前，我在岐山，看到方山子带着两个骑着马的随从，挟着两支箭，在西山游猎。忽然看到有鸟鹊从前面飞起，他叫随从追上去射下，但没有射中；方山子独自跃马而出，一箭便将其射落。因而又同我在马上谈论用兵之道以及古今成败之事，自认为是一代的豪杰。这才多少时日，英武勇猛的神气，还能在他的眉间看到，他怎么能是个山中的隐士呢？

方山子的家族世代都有功勋，他应当谋求一个官职。假如他一直为朝廷办差，左右逢源的话，现在也应该已经显达了。而他的家在洛阳，园林房屋雄伟壮丽，与公侯们的不相上下。他在河北有田产，每年能得到帛千匹之多，也是足以享受富贵安乐了。可这些他都不要，唯独来到山中，如果没有自得之乐的话，他会这样做吗？

我听说光州、黄州一带有很多奇异人士，他们往往是蓬头垢面，佯装疯狂，我一直没有见到，方山子或许能见到他们吧？

 **"赏奇析疑"谈方法**

此文构思奇妙，重点写方山子隐居时的生活和思想态度，说明方山子是不慕显贵的异人。文章用字准确而含蓄，字里行间饱含感情，如"俯""仰""笑""呼""环"等字的运用，将方山子不羁的个性展现得淋漓尽致。此外，东坡于文字之外，借他人之酒浇自己胸中之块垒，写方山子未尝不是自悲不遇。

清人沈德潜评价此文时说："生前作传，故别于寻常传体，通篇只叙其游侠隐沦，而不及世系与生平行事，此传中变调也。写游侠须眉欲动，写隐沦姓字俱沉，自是传神能事。"（《唐宋八大家文读本》卷二四）

黄州快哉亭记

苏　辙

"知人论世" 聊背景

　　元丰二年（1079），苏轼因"乌台诗案"被贬黄州（今湖北黄冈），苏辙因上书营救苏轼而获罪，被贬往筠州（治所在今江西高安），兄弟二人时有书简往来，以诗文互慰。元丰六年（1083），与苏轼同谪居黄州的张梦得为观览江流，在住所西南建造了一座亭子，苏轼为其取名"快哉亭"。本篇即是苏辙为快哉亭作的记文，寄托了作者不以得失为怀的思想感情。

"抑扬顿挫" 读原文

　　江出西陵①，始得平地，其流奔放肆大，南合湘、沅，北合汉、沔，其势益张。至于赤壁之下，波流浸灌，与海相若。清河张君梦得谪居齐安，即其庐之西南为亭，以览观江流之胜，而余兄子瞻名之曰"快哉"②。

　　盖亭之所见，南北百里，东西一舍，涛澜汹涌，风云开阖。昼则舟楫出没于其前，夜则鱼龙悲啸于其下，变化倏忽③，动心骇目，不可久视。今乃得玩之几席之上，举目而足。西望武昌诸山，冈陵起伏，草木行列，烟消日出，渔夫、樵父之舍，皆可指数。此其所以为"快哉"者也。至于长洲之滨，故城之墟，曹孟德、孙仲谋之所睥睨④，周瑜、陆

◎ 黄州寒食帖（局部）［北宋］苏轼

逊之所驰骛⑤，其流风遗迹，亦足以称快世俗。

昔楚襄王从宋玉、景差于兰台之宫⑥，有风飒然至者，王披襟当之，曰："快哉此风！寡人所与庶人共者耶？"宋玉曰："此独大王之雄风耳，庶人安得共之？"玉之言，盖有讽焉。夫风无雄雌之异，而人有遇不遇之变。楚王之所以为乐，与庶人之所以为忧，此则人之变也，而风何与焉？士生于世，使其中不自得，将何往而非病⑦？使其中坦然，不以物伤性，将何适而非快？今张君不以谪为患，窃会稽之余⑧，而自放山水之间，此其中宜有以过人者。将蓬户瓮牖⑨，无所不快，而况乎濯长江之清流，挹西山之白云⑩，穷耳目之胜以自适也哉？不然，连山绝壑，长林古木，振之以清风，照之以明月，此皆骚人思士之所以悲伤憔悴而不能胜者⑪，乌睹其为快也哉？

"字斟句酌" 查注释

　　①西陵：长江三峡之一，在今湖北宜昌西北。②子瞻：苏轼，字子瞻。③倏忽：很快地。④睥（pì）睨（nì）：窥视。⑤驰骛（wù）：驰骋。骛，疾驰。⑥宋玉：战国时楚国大夫，辞赋家。景差：战国时楚国辞赋家。⑦病：忧愁，

苦闷。⑧会稽：即会计，指钱财、赋税等事务。⑨瓮牖（yǒu）：用破瓮做的窗户，形容家道贫寒。⑩挹（yì）：汲取。⑪骚人思士：指诗人和心怀忧思之人。

"古文今解"看译文

长江从西陵峡流出才开始进入平阔的原野，它的流势变得奔放浩大，南面汇合了湘水和沅水，北面汇合了汉水和沔水，声势愈显恢宏。等到了赤壁之下，波涛吞吐汹涌，和大海相似。清河张梦得君贬官后居住在齐安，在他住宅的西南方修建了一座亭子，用来观赏江水奔流的盛景。我的兄长子瞻给这座亭子起名为"快哉"。

从亭中观望，能看到南北百里之遥，东西三十里之远，波浪起伏翻腾，风云聚散无常。白天有船只出没于亭前，夜晚有鱼龙在亭下哀鸣，景物瞬息万变，动人心魄，使人瞠目而不能长时间地观看。如今，我才得以坐在亭中几席之上，尽情玩赏，放眼看个够。向西遥望武昌一带的群山，冈峦起伏，草木布列于山上，当云烟散尽，太阳出来的时候，渔人、樵夫的房子，都能用手清清楚楚地指点出来。这就是把它叫作"快哉"的缘由啊。至于那狭长的沙洲沿岸、故城的废墟，曾是曹孟德、孙仲谋所窥视的区域，周瑜、陆逊所驰骋的地方，那些流传下来的传说和遗迹，也足以让世俗的人为之称快了。

从前楚襄王和宋玉、景差在兰台宫游玩，有一阵清风飒然吹来，襄王敞开衣襟迎着风说："痛快呀，这阵风！这是我和平民百姓所共享的吗？"宋玉说："这只不过是大王的雄风罢了，百姓怎能与您共享呢？"宋玉的话大概是有所讥讽吧。风并没有雌雄的分别，而人却有得志与不得志之分。楚王之所以感到快乐，平民百姓之所以感到忧虑，都是因为人的境遇有所不同，跟风有什么关系呢？士人生活在世间，假如他的内心不能自得其乐，那么到了哪里能感到快乐呢？假使自己心中坦然，不会被外物损伤了自己的性情，那么到了什么地方会不快乐呢？如今张君不以贬官作为自己的忧患，在办理完钱财税赋等公务之后寄情于山水之间，这大概是因为他心中有过人的地方。即使以蓬草编门，以破瓮作窗，也没有什么不快乐的，何况于长江清澈的流水中洗濯，招引西山上的白云为伴，竭尽耳目所能取得的快乐而使自己舒畅呢？如果不是这样，那么，连绵的群山，幽深的峡谷，茂盛的山林，古老的树木，当清风吹动它们，当明月照映它们，这些都是满怀愁思的人为之悲伤憔悴而不能承受的景色，哪里会看到它们而感到快乐呢？

"赏奇析疑"谈方法

本文的"快哉"二字主全篇之脑。从"江出西陵"到"烟消日出"三句，写登亭而观长江之景，此处笔力奇诡雄壮，让人读起来有宠辱偕忘、心旷神怡的感觉，这是通过观景而生发"快哉"之感。余下的部分，是从"快哉"生发出的议论。曹孟德、孙仲谋、周瑜、陆逊都是足以让后人心生"快哉"的历史人物，苏辙以古吊今，这是对"快哉"二字进行升华。接下来用宋玉和楚襄王的对话，为"人有遇不遇之变"做铺垫，从而引出了本文的主旨，即不要计较遇或不遇的得失，而要保持坦荡旷达的胸襟。此篇文字疏朗，格调清新；行文洒脱飘逸，酣畅淋漓。

赠黎安二生序

曾 巩

"知人论世" 聊背景

> 蜀地的士子黎生补江陵司法参军,临行之际向曾巩言及家乡人笑自己与安生二人迂阔,请曾巩解惑。曾巩于是写下本篇以为辩驳,并勉励黎、安二生坚持走自己的道路。

"抑扬顿挫" 读原文

赵郡苏轼①,予之同年友也②。自蜀以书至京师遗予,称蜀之士曰黎生、安生者。既而黎生携其文数十万言,安生携其文亦数千言,辱以顾予。读其文,诚闳壮隽伟③,善反复驰骋,穷尽事理,而其材力之放纵,若不可极者也。二生固可谓魁奇特起之士,而苏君固可谓善知人者也!

顷之,黎生补江陵府司法参军④,将行,请予言以为赠。予曰:"予之知生,既得之于心矣,乃将以言相求于外邪?"黎生曰:"生与安生之学于斯文,里之人皆笑以为迂阔⑤。今求子之言,盖将解惑于里人。"予闻之,自顾而笑。

夫世之迂阔,孰有甚于予乎?知信乎古,而不知合乎世;知志乎道,而不知同乎俗。此予所以困于今而不自知也。世之迂阔,孰有甚于予乎?今生之迂,特以文不近俗,迂之小者耳,患为笑于里之人。若予之迁大矣，使生持吾言而归，且重得罪，庸讵止于笑乎⑥？然则若予之于生，将何言哉？谓予之迁为善，则其患若此。谓为不善，则有以合乎世，必违乎古，有以同乎俗，必离乎道矣。生其无急于解里人之惑，则于是焉必能择而取之。

遂书以赠二生，并示苏君，以为何如也？

"字斟句酌" 查注释

①赵郡：即赵州，治所在今河北赵县。②同年：同年考中进士的人。③隽（juàn）：意味深长，引人入胜。④司法参军：地方上掌管刑法的小官。⑤迂阔：指思想行为不切实际。⑥庸讵（jù）：岂，何以。

"古文今解" 看译文

赵郡的苏轼，是与我同年进士及第的好友。他从蜀地写信给在京师的我，信中称赞蜀地的读书人黎生和安生。不久黎生携带着他的文章几十万字，安生携带着他的文章几千字，屈尊来访。读他们的文章，确实觉得气势宏大俊伟，行文善于纵横驰骋，深究事理。在文章中，他们恣意挥洒才学，显露出深厚的功底。这两个人真称得上是不同寻常的杰出人士，而苏君也真可以说是善于知人啊！

前不久，黎生去补江陵府司法参军的缺。临行的时候，请我送他几句话以为赠言。我说："我知道你，是从心里懂你，还用得着以语言表达出来吗？"黎生说："我和安生对道德文章的学习，常常被乡里的人讥笑为迂阔。今天想求您几句话，去解除乡里人对我们的误解。"我听了，不觉自顾而笑。

要论世人的不合时宜，有谁比我更甚呢？只知道信服古人的言论，而不知道迎合世道；只知道以圣贤之道作为自己的志向所在，而不知道合于流俗。这就是我所以困顿至今还不自知的原因啊。世人的不合时宜，

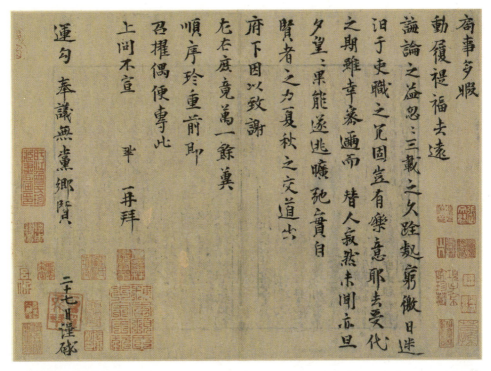

◎ 局事帖　[北宋] 曾巩

有谁能比我更甚呢？如今你二人的不合时宜，只是文章不合于流俗，这只是不合时宜的小表现罢了，然而还担心被乡里的人讥笑。像我这样的迂阔，就是大迂了。如果让黎生带了我的话回去，一定会得罪更多的乡里人，那时候得到的岂止是讥笑呢？但是现在我对黎生，应当说些什么呢？说我的迂阔是好的、对的，可是却要有这样的担忧；说我的迂阔是不好的、不对的，那倒是可以迎合世俗了，但有悖于古法，偏离了圣贤之道。黎生、安生你们不要急于解除乡里人对你们的误解，那么在这一点上就一定能做出自己的选择。

　　于是写了这些话赠给黎生和安生，并且转请苏君看看，认为如何呢？

"赏奇析疑" 谈方法

　　本文论述的重点是"迂阔"和"解惑"。二生请求曾巩为他们解答里人之惑，可见他们对自己的为人之道考虑得并不周全。二生对里人的迂阔之讥很在意，曾巩偏偏高举迂阔的大旗，故意对世俗之见进行颠覆，与之对立，而在"信乎古"与"合乎世"、"志乎道"与"同乎俗"之间，明确选择了"信乎古""志乎道"。

读《孟尝君传》

王安石

"知人论世" 聊背景

　　孟尝君是战国时齐国的王族，"战国四公子"之一，以善于招贤纳士著称。孟尝君出访秦国的时候，身处险境，多亏他手下的"鸡鸣狗盗"之徒，才得以脱身。后世说到此事，多赞赏孟尝君珍惜人才。王安石却对此不以为然，他写下这篇文章，对"孟尝君能得士"的传统观点提出质疑，可谓见解独到。

"抑扬顿挫" 读原文

　　世皆称孟尝君能得士①，士以故归之。而卒赖其力以脱于虎豹之秦。

　　嗟乎！孟尝君特鸡鸣狗盗之雄耳，岂足以言得士？不然，擅齐之

强 ^②，得一士焉，宜可以南面而制秦 ^③，尚何取鸡鸣狗盗之力哉？鸡鸣狗盗之出其门，此士之所以不至也。

"字斟句酌" 查注释

①孟尝君：战国时齐国人，以广纳人才、礼贤下士著称于世。②擅：占有。③南面：古代以坐北朝南为尊位，故帝位面朝南，因而代称帝位。

"古文今解" 看译文

世人都说孟尝君善于收揽人才，人才也因此而尽归于他的门下，最终孟尝君也依靠他们的力量逃离了像虎豹一样残暴的秦国。

唉！孟尝君也只是鸡鸣狗盗之徒的首领而已，怎能称得上是善于收揽人才呢？不是这样的话，凭借着齐国强大的国力，得到一个真正的人才，就应该南面称王，从而制服秦国，哪里还用依靠那些鸡鸣狗盗之徒的力量呢？鸡鸣狗盗之徒出入他的门下，这正是真正的人才不投奔他的原因啊。

"赏奇析疑" 谈方法

王安石的这篇《读〈孟尝君传〉》，不但讽刺了鸡鸣狗盗之徒，也批评了孟尝君不善延揽人才，其主旨是批驳"孟尝君能得士"的观点。

此文转折有力，严劲紧束，体现了笔力之绝。全篇八十八字却有四五处转折，而且议论脱俗，结构严谨，用词简练，气势轩昂。这篇文章之所以能成为"千秋绝调"，为历代

◎ 王安石像

文学爱好者传诵、欣赏，就是因为它文极短而气极长，而在如何看待"孟尝君能得士"的问题上，王安石亦有发人深思的脱俗看法。

游褒禅山记 ①

王安石

"知人论世" 聊背景

　　这是一篇借游赏来说理的文章。前面写褒禅山的得名由来，以及跟几位友人一起游褒禅山前后二洞的经历；后面转而说理，指出要想欣赏世间的"奇伟、瑰怪"，就要有百折不挠的精神。作者由游山延伸到治学，他告诫学子，要想搞好学问，就必须有志气、有毅力、坚持不懈，同时，对待古代文献要深思而慎取。

"抑扬顿挫" 读原文

　　褒禅山亦谓之华山。唐浮图慧褒始舍于其址 ②，而卒葬之，以故其后名之曰褒禅。今所谓慧空禅院者，褒之庐冢也。距其院东五里，所谓华山洞者，以其乃华山之阳名之也。距洞百余步，有碑仆道，其文漫灭，独其为文犹可识曰"花山"。今言"华"如"华实"之"华"者，盖音谬也。

　　其下平旷，有泉侧出，而记游者甚众，所谓"前洞"也。由山以上五六里，有穴窈然 ③，入之甚寒，问其深，则其好游者不能穷也，谓之"后洞"。予与四人拥火以入，入之愈深，其进愈难，而其见愈奇。有怠而欲出者，曰："不出，火且尽。"遂与之俱出。盖予所至，比好游者尚不能十一，然视其左右，来而记之者已少。盖其又深，则其至又加少矣。方是时，予之力尚足以入，火尚足以明也。既其出，则或咎其欲出者，而予亦悔其随之，而不得极乎游之乐也。

于是予有叹焉：古人之观于天地、山川、草木、虫鱼、鸟兽，往往有得，以其求思之深而无不在也。夫夷以近，则游者众；险以远，则至者少。而世之奇伟瑰怪、非常之观，常在于险远，而人之所罕至焉，故非有志者不能至也。有志矣，不随以止也，然力不足者，亦不能至也。有志与力，而又不随以怠，至于幽暗昏惑而无物以相之④，亦不能至也。然力足以至焉，于人为可讥，而在己为有悔。尽吾志也而不能至者，可以无悔矣，其孰能讥之乎？此予之所得也。

予于仆碑，又有悲夫古书之不存，后世之谬其传而莫能名者，何可胜道也哉？此所以学者不可以不深思而慎取之也。

四人者：庐陵萧君圭君玉⑤，长乐王回深父⑥，予弟安国平父、安上纯父。

"字斟句酌" 查注释

①褒禅山：在今安徽含山东北。②浮图：本意是佛或佛教徒，这里指和尚。③窈然：幽深的样子。④相（xiàng）：辅助。⑤庐陵：今江西吉安。⑥长乐：今福建长乐。

"古文今解" 看译文

褒禅山也叫华山。唐代和尚慧褒当初在这里筑室居住，死后又葬于此地，因为这个缘故后人就称这座山为褒禅山。今天人们所说的慧空禅院，就是慧褒和尚的房舍和坟墓。距离那禅院东边五里的地方，就是人们所说的华山洞，因为它在华山南面，所以这样命名。距离山洞一百多步，有一座石碑倒在路旁，碑上的文字模糊不清，只有"花山"两个字还能勉强辨认出来。现在把"华"字读为"华实"的"华"，大概是读音上的错误吧。

山下平坦而空阔，有一股山泉从旁边涌出，在这里来游览、题记的人很多，这就是人们说的"前洞"。由山路向上五六里的地方，有个洞穴，一派幽深的样子，进去便感到很是寒冷，问它的深度，说是即使是那些喜欢游历探险的人也没能走到尽头，这就是人们所说的

◎ 褒禅山

"后洞"。我与四个人拿着火把走进去，入洞越深，前进的道路就变得越难于行走，而所见到的景象也越奇妙。有个疲倦而想要出来的人说："再不出去，火把就要烧完了。"于是便跟着他一同出来了。我们走进去的深度，比起那些喜欢游历探险的人来说，大概还不足他们的十分之一；然而看看左右的洞壁，来到这里题记的人已经很少了，大概洞内更深的地方，到达的人就更少了。这个时候，我的体力还足以深入下去，火把也足够继续照明。我们出洞以后，就有人埋怨那个想要出来的人，我也后悔跟他出来，而未能极尽游洞的乐趣。

于是我有所感慨：古人观察天地、山川、草木、虫鱼、鸟兽，往往有所心得，这是因为他们探究思考得深入而且广泛周密。那些平坦而又容易到达的地方，游览的人会很多；那些险阻而又偏远的地方，游览的人便会很少。但是世上那些奇妙雄伟、瑰丽而非同寻常的景观，常常在

那险阻僻远、人迹罕至的地方，所以不是有志的人是不能到达的。有志向，不盲从别人而停止，但是体力不足的，也不能到达。有了志向与体力，也不盲从别人而有所懈怠，但到了那幽深昏暗、令人迷惑的地方，却没有必要的物件来支持，也是不能到达的。然而在力量足以到达的时候却没有达到，在别人看来是可以讥笑的，对自己来说也是有所悔恨的。已经尽了自己的努力而仍然未能达到的，便可以没有悔恨了，谁还能讥笑他呢？这就是我这次游山的心得。

我对于倒在地上的石碑，又产生了些许感慨。古代书籍文献的散失，后世的人以讹传讹而无法弄清许多事物的真实情况，这样的例子怎么能说得尽呢？这就是做学问的人为什么不可以不深入思考、慎重取舍的原因啊。

同游的四人是：庐陵的萧君圭，字君玉；长乐的王回，字深父；我的弟弟安国，字平父；安上，字纯父。

"赏奇析疑" 谈方法

多数人写游记，大都停留在写景写物，或是享受游赏带来的快乐上。王安石的这篇文章，若是只写山名、洞名的来历，记述进入山洞后的所见所闻，以及感慨没有尽兴而游，那它只能算作中品。然而王安石又深入挖掘了不能尽游的原因，即"非有志者不能至也"。更难能可贵的，是他把这个道理延伸到做学问之中，指出做学问要有百折不挠的精神。此文的精彩之处，就在于能从小事中看到大道理，从事物浅易的现象中挖掘其深层的本质，充分体现了王安石思维的敏锐与深邃。此文记叙出游却影射学问，用笔则曲曲深入，逸兴满眼，余音不绝，可谓极文章之乐。清代浦起龙《古文眉诠》中说道："此游所至殊浅，偏留取无穷深至之思，真乃赠遗不尽。当持此为劝学篇。"

送天台陈庭学序

宋　濂

"知人论世" 聊背景

　　本文是宋濂为陈庭学而写的赠序，他先写山水的"奇"和"险"，突出蜀地的"难"，再写陈庭学到蜀地后，"诗益工""气愈充""语愈壮""志意愈高"，文末作者自愧没能远游以增长见闻，反衬陈庭学蜀地之游的收获颇大，并且还勉励陈庭学能像颜渊、原宪一样提高自身修养，体现了一个长者对晚辈的关怀。

"抑扬顿挫" 读原文

　　西南山水，惟川蜀最奇，然去中州万里。陆有剑阁栈道之险①，水有瞿唐、滟滪之虞②。跨马行，则竹间山高者，累旬日不见其巅际；临上而俯视，绝壑万仞，杳莫测其所穷，肝胆为之掉栗③。水行，则江石悍利，波恶涡诡，舟一失势尺寸，辄糜碎土沉④，下饱鱼鳖。其难至如此！故非仕有力者，不可以游；非材有文者，纵游无所得；非壮强者，多老死于其地。嗜奇之士恨焉。

天台陈君庭学⑤，能为诗，由中书左司掾⑥，屡从大将北征，有劳，擢四川都指挥司照磨⑦，由水道至成都。成都，川蜀之要地，扬子云、司马相如、诸葛武侯之所居，英雄俊杰战攻驻守之迹，诗人文士游眺饮射、赋咏歌呼之所，庭学无不历览。既览必发为诗，以纪其景物时世之变，于是其诗益工。越三年，以例自免归，会予于京师，其气愈充，其语愈壮，其志意愈高，盖得于山水之助者侈矣。

予甚自愧，方予少时，尝有志于出游天下，顾以学未成而不暇。及年壮可出，而四方兵起，无所投足。逮今圣主兴而宇内定，极海之际，合为一家，而予齿益加耄矣⑧。欲如庭学之游，尚可得乎？

然吾闻古之贤士，若颜回、原宪，皆坐守陋室，蓬蒿没户⑨，而志意常充然，有若囊括于天地者，此其故何也？得无有出于山水之外者乎？庭学其试归而求焉，苟有所得，则以告予，予将不一愧而已也。

◎ 陈庭学出游

"字斟句酌" 查注释

①剑阁：在今四川北部、嘉陵江流域，现称剑阁县。栈（zhàn）道：在悬崖绝壁上凿孔架木而成的窄路。②瞿唐：瞿塘峡。滟（yàn）滪（yù）：滟滪堆，重庆奉节东瞿塘峡峡口的一块巨礁，旧为长江三峡著名的险滩，1958年整治航道时炸平。③掉栗：因惊恐而战栗。④糜：碎，烂。⑤天台：县名，今属浙江。⑥中书左司掾（yuàn）：中书省下所设左司的属官。⑦都指挥司：掌管军事的机构。照磨：都指挥司的属官，掌管文书卷宗。⑧耄（mào）：老。⑨蓬蒿：野草。

"古文今解" 看译文

西南地区的山水，只有四川最奇特，可是却与中原有万里之遥。要到那里，陆路有剑阁栈道的险阻，水路有瞿塘峡、滟滪堆的忧虑。骑马前往在密密麻麻的竹林间，崇山峻岭，接连走上十几天也看不到它的巅峰和边际；从山顶上向下俯视，只见深达万仞的幽谷，黑漆漆的无法测知它的尽头，令人胆战心惊。如果从水路前往，江水悍猛，礁石尖利，波涛险恶，漩涡诡异；行船稍有差错，就会粉身碎骨，沉入水中，让鱼鳖们饱餐。前往那里的道路如此之难，所以不是有能力的官员，不可以到那里去游历；不是有文采的贤才，即使游历了那里也不会有什么收获；不是身体强壮的人，大多老死在那个地方。这些常常让那些喜好奇异景观的人感到遗憾！

天台陈庭学君，能做诗，任中书左司掾。他屡次随大将北征，因为有功劳，被提拔为四川都指挥司照磨，从水路到成都。成都，是四川的要地。那扬子云、司马相如、诸葛武侯的故居，英雄俊杰们战斗攻伐、驻扎守卫的遗址，诗人文士所游赏眺望、饮酒射覆、赋诗吟咏、歌唱呼啸的地方，庭学都一一游览。每次游览完毕，都要将感受写成诗文，用以记述那些景物和时世的变化。于是他作诗的技法就变得愈加高妙。过了三年，他依照惯例辞官回家，在京师见到了我，他的精神更加饱满，他的语言更加豪壮，他的志向更加高远，看来是从川蜀山水当中获得了很多帮助啊！

我自己很惭愧，当我年轻的时候，曾经有志向想要游历天下，但是因为学业未成而没有空闲的时间。等到壮年能够去出游历了，国内却战事四起，没有一块地方可以去。到现在圣主兴起，天下平定，四海之内合成一家，可我的年纪却越来越老了！想要像庭学那样游历，还能做得到吗？

然而我听说古代的贤人，像颜回、原宪那样的人，都是坐守在简陋的屋子里，野草遮蔽了门户，可是志向意趣却总是很充沛的，好像能包罗天地，这是为什么呢？莫非有超出于山水之外的东西吗？请庭学回去探求这方面的东西，如果有什么收获，就把它告诉我，我将不只是惭愧而已。

"赏奇析疑"谈方法

此文先叙游蜀之难，引出陈庭学之"能游"，继而叙述自己不能游，为前文作反衬之用，末尾更推进一步。起伏应合，如峰回路转，实为神明变化之笔。此文以"山水"二字为眼目，前后出现三次。前半部分有两个"奇"字，后半部分有两个"愧"字，各相照应，分别为各自半篇的眼目。

卖柑者言

刘 基

"知人论世" 聊背景

　　这是刘基的一篇讽世短文。他先写杭州卖柑者所卖的柑外表好看，其实是"败絮其中"，而后引出寓意，也就是为官者外强中干。最后再以卖柑者的语言做结，有所寄托，无情地讽刺了元末官吏的欺世盗名，可谓发人深省，耐人寻味。

"抑扬顿挫" 读原文

　　杭有卖果者①，善藏柑。涉寒暑不溃，出之烨然②，玉质而金色。剖其中，干若败絮。予怪而问之曰："若所市于人者，将以实笾豆③，奉祭祀，供宾客乎？将衒外以惑愚瞽乎④？甚矣哉，为欺也。"

　　卖者笑曰："吾业是有年矣。吾业赖是以食吾躯。吾售之，人取之，未闻有言，而独不足子所乎？世之为欺者不寡矣，而独我也乎？吾子未之思也。今夫佩虎符、坐皋比者⑤，洸洸乎干城之具也⑥，果能授孙、吴之略耶⑦？峨大冠，拖长绅者，昂昂乎庙堂之器也⑧，果能建伊、皋之业耶⑨？盗起而不知御，民困而不知救，吏奸而不知禁，法斁而不知理⑩，坐糜廪粟而不知耻⑪。观其坐高堂，骑大马，醉醇醴而饫肥鲜者⑫，孰不巍巍乎可畏、赫赫乎可象也？又何往而不金玉其外，败絮其中也哉！今子是之不察，而以察吾柑！"

◎ 卖柑者

　　予默默无以应。退而思其言，类东方生滑稽之流^⑬。岂其忿世嫉邪者耶？而托于柑以讽耶？

"字斟句酌" 查注释

　　①杭：指杭州。②烨（yè）然：光彩鲜明的样子。③笾（biān）豆：古代用竹编成的食器，形状如豆，举行祭祀或宴会时用来盛果实、干肉。④衒（xuàn）：炫耀，卖弄。瞽（gǔ）：盲人。⑤虎符：兵符。皋比：虎皮。⑥洸（guāng）洸：威武的样子。干城：盾牌和城墙，指保卫国家。⑦孙、吴：指战国时的名将孙武和吴起。⑧庙堂：朝廷。⑨伊、皋：指商代的名臣伊尹和舜时的名臣皋陶。⑩蠹（dù）：败坏。⑪糜（mí）：通"靡"，耗费。⑫醴（lǐ）：甜酒。饫（yù）：饱食。⑬滑稽：指幽默机智、能言善辩。

　　杭州有个卖水果的人，善于贮藏柑子。他贮藏的柑子经过严寒酷暑也不腐烂，拿出来仍然是光彩鲜艳，有着像玉石一样的质地、黄金般的颜色。可是把柑子剖开一看，里面却干枯得像破旧的棉絮。我很奇怪，就问他："你卖给人家的柑子，是要使它来充实人家的器皿，去供奉神灵、招待宾客呢，还是只想炫耀它的外表，用来迷惑智力低下的人和盲人呢？你这种欺骗手段也太过分了！"

　　卖水果人笑着说："我干这行当已经多年了，我依靠这行当来养活自己。我卖这些柑子，人家买它，从来没有听到过有什么议论，为什么唯独不能满足您的需要呢？世上耍弄欺骗手段的人不算少呀，仅仅是我一个人吗？您没有考虑过这些吧。现在那些佩虎符、坐在虎皮椅上的人，看那威武的样子，好像是真能保卫国家的将才，可当真能够拿出孙武、吴起那样的韬略吗？那些峨冠博带的文臣，看那气宇不凡的样子，好像真的是在朝廷之上辅助君王的重臣，可他们当真都能够建立像伊尹、皋陶那样的功业吗？盗匪四起却不知如何治理，百姓困苦却不知如何解救，官吏作奸犯科却不知如何禁止，法制败坏却不知如何整饬，白白地耗费国家的粮食却不感到羞耻。看他们坐在高堂之上，骑着高头大马，沉醉在美酒当中，饱食大鱼大肉，哪一个不是看起来高不可攀而使人敬畏，光明磊落得值得人们效法呀？然而他们又何尝不是金玉其外败絮其中的人呢！今天您对这些都视而不见，却来挑剔我的柑子！"

　　我沉默无语，不能回答。回来想想他这番话，觉得他像是东方朔那样诙谐善辩的一类人。难道他是个愤恨世道、痛恶奸邪的人而假借柑子来进行讥讽？

"赏奇析疑" 谈方法

本文分为三段。首段写杭州卖柑者的柑橘表面上看很好，但是本质并不好，这正应验了"金玉其表，败絮其中"这句话。第二段是卖柑者的自辩，文中用"笑曰"二字描绘了卖柑者的可鄙与欺世盗名。末段以两个问句束尾，有所寄托，余韵悠长。

报刘一丈书

宗　臣

"知人论世" 聊背景

> 明朝嘉靖年间，严嵩父子弄权，朝政腐败，不少官员为升官发财，就依附于严嵩父子，一时间贿赂成风。宗臣对这一现象十分痛恨，他借给长辈刘一丈回信之机，就来信中的"上下相孚"一语进行发挥，揭露官员贿赂门房的行径，并对他们巴结权贵的行为进行讽刺，最后表明自己绝不同流合污的心迹。

"抑扬顿挫" 读原文

数千里外，得长者时赐一书，以慰长想，即亦甚幸矣；何至更辱馈遗①，则不才益将何以报焉？书中情意甚殷，即长者之不忘老父，知老父之念长者深也。

至以"上下相孚②，才德称位"语不才，则不才有深感焉。夫才德不称，固自知之矣；至于不孚之病，则尤不才为甚。且今之所谓孚者何哉？日夕策马，候权者之门，门者故不入，则甘言媚词作妇人状，袖金以私之。即门者持刺入[③]，而主人又不即出见，立厩中仆马之间，恶气袭衣裾，即饥寒毒热不可忍，不去也。抵暮，则前所受赠金者出，报客曰："相公倦，谢客矣，客请明日来。"即明日又不敢不来，夜披衣坐，闻鸡鸣即起盥栉[④]，走马推门。门者怒曰："为

○ 将军像

谁？"则曰："昨日之客来。"则又怒曰："何客之勤也，岂有相公此时出见客乎？"客心耻之，强忍而与言曰："亡奈何矣，姑容我入。"门者又得所赠金，则起而入之。又立向所立厩中。幸主者出，南面召见，则惊走匍匐阶下。主者曰："进！"则再拜，故迟不起，起则上所上寿金。主者故不受，则固请。主者故固不受，则又固请。然后命吏纳之。则又再拜，又故迟不起，起则五六揖始出。出揖门者曰："官人幸顾我，他日来，幸无阻我也！"门者答揖。大喜奔出，马上遇所交识，即扬鞭语曰："适自相公家来，相公厚我，厚我！"且虚言状。即所交识亦心畏相公厚之矣。相公又稍稍语人曰："某也贤，某也贤。"闻者亦心计交赞之。此世所谓上下相孚也。长者谓仆能之乎？

　　前所谓权门者，自岁时伏腊一刺之外，即经年不往也。间道经其门，则亦掩耳闭目，跃马疾走过之，若有所追逐者。斯则仆之褊衷[⑤]。以此

长不见悦于长吏，仆则愈益不顾也。每大言曰："人生有命，吾惟守分而已。"长者闻之，得无厌其为迂乎？

"字斟句酌" 查注释

①馈（kuì）遗（wèi）：赠送。②孚：信任。③刺：谒见时所用的名片。④盥（guàn）栉（zhì）：梳洗。⑤褊（biǎn）衷：狭隘的心胸。

"古文今解" 看译文

在数千里以外，时常得到您的来信，慰藉我长久思念之心，已经是十分幸运的事情了；怎能更劳您馈赠礼品，这叫我更用什么来报答您啊！您的书信中情意甚是殷切，可见您没有忘记我的老父亲，也明白了我的老父亲为什么这样深深想念您。

至于您信中用"上下之间要互相信任，才能与品德要与职位相称"的话来教导我，我有非常深的感触。我的才能品德与职位不相称，我自己本来就知道这一点；至于上下互不信任这一弊病，则在我身上表现得尤为突出。再说，现今所讲的"信任"是什么呢？从早到晚骑着马恭候在当权者的门口，看门的人故意不进去通报时，就甜言蜜语并且做出女人一样的媚态，把藏在袖子里的银钱拿出来偷偷塞给他。等看门人拿了名帖进去通报了，可是主人又不立刻出来接见，自己只好站在马棚里，混在仆人和马匹中间，臭气熏着衣袖，即使饥饿寒冷或闷热到难以忍受，也不肯离开。到了太阳落山的时候，先前收了赂金的看门人出来，对他说："相公疲倦了，今日谢客。请客人明日再来。"到了第二天，自己又不敢不来。从头天夜里开始就披着衣服坐着，听到鸡叫便起来梳洗，然后骑马跑去推门。守门人发怒问："谁呀？"他回答说："就是昨天来的那一个。"守门人又怒气冲天地说："客人为什么这样勤快呢？难道相公会在这个时候出来见客吗？"他心里感到受了羞辱，但还是强忍着对看门人说："没有办法呀，姑且让我进去吧。"守门人于是又得了他的银钱，就起身让他进来，他于是还是站在昨天站过的马棚里。幸好主人出来，朝南坐着召见他。他战战兢兢地走进来，匍匐在台阶下。主人说："进来！"他就拜了两拜，故意迟迟不起来，起来以后便献上进见的礼物。主人故意不接受，他就再三请求，主人故意再三不接受，他又再三请求。然后主人叫手下将礼物收了起来。他就又拜了两拜，又故意迟迟不起来，起来后又作了五六个揖，然后才退出来。出来后，他给看门人作揖说："请官人多多关照！以后再来，请不要阻拦我啊！"看门人回了他一个揖。他喜出望外地跑出来，骑马碰到了相识的人，就扬着马鞭子得意地说："刚刚从相公家出来，相公很看重我，很看重我！"并且夸大其词地说起自己如何受到厚待。即便是与他相识的人，也因为相公看重他而对他产生了敬畏之心。相公又间或地向人提起："某人不错啊！某人不错啊！"听到的人便挖空心思地交口称赞他。这就是现在世上所说的"上下之间互相信任"吧。您老人家认为我能这样做吗？

前面提到的当权的人，我除了过年过节投上一个名帖以外，就常年不去了。偶然路经他的门前，便捂了耳朵，闭上眼睛，快马加鞭疾驰而过，就好像有人追赶我一样。这就是我狭隘的心胸，我也为此长久地不被上司喜欢；但我却更加不管不顾，并且常常夸口说："人各有命，我只是安守自己的本分罢了。"您老人家听了这番话，不会讨厌我的迂腐吧？

"赏奇析疑"谈方法

本文是答复刘一丈的一封书信。首段对长者的馈赠行为表示感谢，然后紧紧围绕"上下相孚，才德称位"表达自己的感慨。第二段是文章的重点部分。此段紧承"上下相孚"四字，形象地将官场上趋炎附势的种种猥琐丑态表现出来，并对"上下相孚，才德称位"提出质疑。第三段写作者平日对待上司的态度，此处提到的"得无厌其为迂"是对第二段"不才有深感焉"的回应。此文先写谄媚之人伺候之苦、献媚之劳、得意之状，字字传神。后写自己的气骨，两两相较，清浊之分，可谓鲜明。

沧浪亭记

归有光

"知人论世" 聊背景

　　沧浪亭，在今江苏苏州市，建造者是北宋诗人苏舜钦。沧浪亭落成后，苏舜钦曾写有一篇《沧浪亭记》，文中写了沧浪亭的构造和景色。归有光的这篇文章若是仿照苏文，那便是拾人牙慧，难以独具一格，所以，他只写沧浪亭的历史演变，即由园变成亭，由亭变成庵，再由庵变成亭。归有光通过写这一变迁，抒发了对盛衰无常的感慨，同时，他也指出，只有道德文章才能历经万世而不朽。

"抑扬顿挫" 读原文

　　浮图文瑛①，居大云庵，环水，即苏子美沧浪亭之地也②。亟求余作《沧浪亭记》，曰："昔子美之记，记亭之胜也，请子记吾所以为亭者。"

　　余曰："昔吴越有国时③，广陵王镇吴中④，治南园于子城之西南⑤，其外戚孙承佑，亦治园于其偏。迨淮海纳土，此园不废。苏子美始建沧浪亭，最后禅者居之。此沧浪亭为大云庵也。有庵以来二百年，文瑛寻古遗事，复子美之构于荒残灭没之余，此大云庵为沧浪亭也。夫古今之变，朝市改易。尝登姑苏之台，望五湖之渺茫，群山之苍翠，太伯、虞仲之所建⑥，阖闾、夫差之所争，子胥、种、蠡之所经营⑦，今皆无有矣，庵与亭何为者哉？虽然，钱镠因乱攘窃⑧，保有吴越，国富兵强，垂及四世，诸子姻戚，乘时奢僭，宫馆苑囿，极一时之盛。而子美之亭，乃为释子所钦重如此。可以见士之欲垂名于千载，不与其澌然而俱尽者⑨，则有在矣。"

文瑛读书喜诗，与吾徒游，呼之为沧浪僧云。

"字斟句酌" 查注释

①文瑛：僧人的名号，其人不详。②苏子美：即苏舜卿，字子美，北宋文学家。曾修沧浪亭，并作《沧浪亭记》。③吴越：五代十国时十国之一。④吴中：旧时对吴郡或苏州府的别称。⑤子城：即内城。⑥太伯、虞仲：相传是吴国的开创者。⑦子胥、种、蠡：指伍子胥、文种和范蠡，伍子胥为吴王阖闾、夫差的大臣，后二人皆为越王勾践的大臣。⑧钱镠（liú）：吴越国的建立者。攘（rǎng）：窃取。⑨澌（sī）然：冰块溶解的样子。

"古文今解" 看译文

僧人文瑛住在大云庵，四面环水，就是苏子美筑沧浪亭的地方。他多次求我写一篇《沧浪亭记》，说："从前苏子美写的《沧浪亭记》，记述的是沧浪亭的优美风景，请你记下我修复这个亭子的缘由吧。"

我说："从前吴越国存在的时候，广陵王镇守苏州，在内城的西南修了一座园子，他的外戚孙承佑在那旁边也修了座园子。到后来吴越的土地纳入了宋朝的版图，这座园林仍旧没有废弃。当初苏子美在这里筑起了沧浪亭，后来又有僧人住在这里，这沧浪亭就变成了大云庵。从有大

◎ 古歌谣《沧浪歌》云："沧浪之水清兮，可以濯我缨；沧浪之水浊兮，可以濯我足。"

云庵到现在已经两百年了，文瑛寻访古代的遗迹，在荒芜残破的废墟上，重新建起了苏子美的沧浪亭，这大云庵则又变成了沧浪亭。古今不断变迁，朝廷、都市常常更改。我曾经登上姑苏山的姑苏台，眺望烟波浩渺的五湖，树木苍翠的群山。那太伯、虞仲所建立的国家，阖闾、夫差所争夺的霸权，子胥、文种、范蠡所经营的盛世，如今都已经变成过眼烟云了，这大云庵和沧浪亭又算得了什么呢？虽然是这样，钱镠趁着乱世窃取了王位，占有吴越之地，国富兵强，延续了四代，他的子孙和姻戚，趁着这机会开始奢侈糜烂、巧取豪夺的生活，大造宫观园林，盛行到了极点。然而只有苏子美的沧浪亭，才被佛教徒钦佩敬重到这个地步。可见士人要传留美名于千年之后，不像冰块那样很快就消失得无影无踪，那得是另有德行存在啊。"

文瑛喜欢读书作诗，跟我们交游，我们叫他沧浪僧。

"赏奇析疑" 谈方法

本篇起笔由大云庵说到沧浪亭，引人关注。中间一段为点缀之笔，抒发自己对事物兴衰的感慨。文末话锋一转，言说人所以名垂不朽在于立身立德，不在于是否有遗迹留存，开人智识。

五人墓碑记

张　溥

"知人论世" 聊背景

明朝末年，政治黑暗，以魏忠贤为代表的宦官专权，对正直的士大夫进行残酷镇压，杨涟、左光斗、魏大中等先后被杀，周顺昌仅仅因为招待过路经苏州的魏大中，也被拘捕杀害。周顺昌被捕时，对阉党已是切齿痛恨的苏州市民终于不胜愤怒，万人群起，攻击差役。事后官府捕杀市民五人示众。本篇是作者在阉党倒台后，为五位殉难者所写的墓碑记，文中叙述了事件的经过，歌颂了五人的深明大义、死得其所。

五人者，盖当蓼洲周公之被逮，激于义而死焉者也。至于今，郡之贤士大夫请于当道，即除魏阉废祠之址以葬之①，且立石于其墓之门，以旌其所为。呜呼，亦盛矣哉！

夫五人之死，去今之墓而葬焉，其为时止十有一月耳。夫十有一月之中，凡富贵之子，慷慨得志之徒，其疾病而死，死而湮没不足道者，亦已众矣。况草野之无闻者欤！独五人之皦皦②，何也？

予犹记周公之被逮，在丁卯三月之望。吾社之行为士先者③，为之声义，敛资财以送其行，哭声震动天地。缇骑按剑而前④，问："谁为哀者？"众不能堪，抶而仆之⑤。是时以大中丞抚吴者，为魏之私人，周公之逮所由使也。吴之民方痛心焉，于是乘其厉声以呵，则噪而相逐，中丞匿于溷藩以免⑥。既而以吴民之乱请于朝，按诛五人，曰：颜佩韦、杨念如、马杰、沈扬、周文元，即今之傫然在墓者也⑦。

然五人之当刑也，意气扬扬，呼中丞之名而詈之⑧，谈笑以死。断头置城上，颜色不少变。有贤士大夫发五十金，买五人之脰而函之⑨，卒与尸合。故今之墓中，全乎为五人也。

嗟夫！大阉之乱，缙绅而能不易其志者⑩，四海之大，有几人欤？而五人生于编伍之间，素不闻《诗》《书》之训，激昂大义，蹈死不顾，亦曷故哉？且矫诏纷出，钩党之捕，遍于天下，卒以吾郡之发愤一击，不敢复有株治。大阉亦逡巡畏义，非常之谋，难于猝发。待圣人之出而投缳道路⑪，不可谓非五人之力也！

由是观之，则今之高爵显位，一旦抵罪，或脱身以逃，不能容于远近，而又有剪发杜门，佯狂不知所之者。其辱人贱行，视五人之死，轻重固何如哉？是以蓼洲周公，忠义暴于朝廷，赠谥美显，荣于身后；而五人亦得以加其土封，列其姓名于大堤之上。凡四方之士，无有不过而拜且泣者，斯固百世之遇也！不然，令五人者保其首领，以老于户牖之

下，则尽其天年，人皆得以隶使之，安能屈豪杰之流，扼腕墓道，发其志士之悲哉？故予与同社诸君子，哀斯墓之徒有其石也，而为之记，亦以明死生之大，匹夫之有重于社稷也。

贤士大夫者，冏卿因之吴公、太史文起文公、孟长姚公也。

"字斟句酌" 查注释

①除：修治。魏阉：魏忠贤，明熹宗时为执秉太监，他借着熹宗醉心于做木工活而不理朝政的时机，独揽大权，残害忠良。②皦（jiǎo）皦：明亮的样子。③吾社：即指复社。④缇（tí）骑：指明代特务机关逮捕人犯的吏役。⑤抶（chì）：打倒。⑥溷（hùn）：厕所。藩：篱笆。⑦傫（lěi）然：堆积的样子。傫，通"累"。⑧詈（lì）：骂。⑨脰（dòu）：头颅。⑩缙绅：原是插笏于带的意思，后转用为官宦的代称。⑪圣人：指崇祯皇帝，他即位后，尽诛阉党。投缳：自缢。

"古文今解" 看译文

这五个人，是周蓼洲先生被捕时，激于义愤而被杀的。到了现在，吴郡的贤士大夫向巡抚请示，准予他们清理魏忠贤已废生祠的旧址来安葬他们，并且在他们的墓门前立碑，来表扬他们的事迹。啊，这也算是够隆重的了！

五人的牺牲，距离现在为他们修墓安葬，时间不过十一个月罢了。在这十一个月当中，那些富贵的人，官运亨通的人，因为患病而死，死了就湮没于世，不足称道的，也是很多的了，何况那些生活在草野之中普通人呢！唯独这五个人光耀于世，这是为什么呢？

我还记得周公被捕，是在丁卯年三月十五日。我们复社里那些道德品行可以作为读书人表率的人替他伸张正义，募集钱财为他送行，哭声震天动地。这时前来抓人的缇骑按着剑把上前问道："谁在为他哭？"大家不能忍受，把他们打倒在地。当时以大中丞官衔做吴郡巡抚的，是魏忠贤的党羽，周公的被捕就是由他指使的。吴郡的百姓正对他切齿痛恨，于是趁他厉声呵斥的时候，就呼喊起来，一起追打他，他躲到厕所里才得以逃脱。不久，他以吴郡百姓暴动的罪名请奏朝廷，追究这件事，处死了五个人，他们是：颜佩韦、杨念如、马杰、沈扬、周文元，就是现在埋葬在坟墓里的五个人。

这五个人受刑的时候，意气昂扬，高呼中丞的名字大骂，谈笑着从容死去。他们的头颅被挂在城墙上，神色没有一点儿改变。有几位贤德的士绅拿出五十两银子，买了五人的头颅，用匣子盛好，最后同尸身合在一起。所以现在的墓中，是五个人完整的遗体。

唉！在魏阉乱政的时候，当官而能够不改变自己的志节的，这么大的天下，又能有几人呢？而这五个人出身平民，平时没有受到过《诗》《书》的教育，却能为大义所激发，踏上死地而不反顾，这又是什么缘故呢？况且当时假传的诏书纷纷下达，对受牵连的东林党人的抓捕，遍布全国，终于因为我们吴郡百姓愤怒抗击，使他们不敢再株连治罪。魏阉也犹疑不决，畏惧正义，篡夺帝位的阴谋难于立刻发动，等到圣明的皇帝即了位，魏阉就在放逐的路上自缢而死，这不能不说是这五个人的功劳啊！

由此看来，那么，今天那些职高位显的高官们，一旦因获罪而接受惩治时，有的脱身逃跑，不能被远近的人收留；有的剃发为僧，闭门不出，假装疯狂而不知逃往何处。他们可耻的人格、卑劣的行为，比起这五个人的死来，到底孰轻孰重？因此周公蓼洲，忠义显于朝廷，得到皇上追赠的谥号，美名远扬，死后荣耀无比；而这五个人也得以修建大墓重新安葬，并将他们的姓名并排刻在这大堤之上，凡是四方过往的行人，没有不到他们的墓前跪拜哭泣的，这真是百代难得的际遇呀！要不是这样，假使这五个人都保全了他们的头颅，老死在家里，尽享天年，但人人都可以把他们当作仆役来使唤，怎么能够使英雄豪杰们拜倒在他们的

墓前，紧握手腕，愤慨异常，发出志士仁人的悲叹呢！所以，我和同社的各位先生，为这座墓空有石碑没有碑文而感到难过，就写了这篇碑记，也借以说明死生的重大意义，平民百姓也是能为国家做出重大贡献的。

文中提到的那几位贤德士绅是：太仆卿吴公因之、太史文公文起和姚公孟长。

"赏奇析疑"谈方法

本篇夹叙夹议，议论随叙事而入，作者对五位义士的钦佩和痛惜，以及对魏阉的愤怒也随之流露。如"予犹记周公之被逮"一段，虽然是叙述五人遇害的经过，但文中"是时以大中丞抚吴者，为魏之私人，周公之逮所由使也"一句，依然暗含了作者对魏阉的痛恨之情。

此文还通过层层对比，突出人物的性格特点。如以"富贵之子，慷慨得志之徒"的病死跟"草野之无闻者"的就义对比，反衬五位义士的死得其所；以饱读诗书的"缙绅"与"素不闻诗书之训"的五位义士相比，反衬后者明晓事理、辨别黑白；以苟活性命的"高爵显位"之人与五人对比，突出后者的慷慨就义。三个对比层层推进，显示了五人的"死生之大"。这种写法既可以突出五位义士的高尚形象，又能增强文章的气势。